主体的・対話的で深い学びを実現する！

小学校国語科
授業づくりガイドブック

遠藤真司・忰田康之・鶴巻景子 編著

JN156480

明治図書

はじめに

国語科の授業についての教師の悩み

　これまで多くの学校に行き，国語の研究授業を見てきて指導をしてきたが，そこで教師たちと話して感じるのは，「国語が大事なのは分かるが，その指導方法がよく分からない」というものであった。その理由は主に二つある。

　一つは国語の教科書を読むと全て日常使っている日本語で書いてあるので，読めば，教師も子どももだいたい分かる，これ以上何をどのようにしたらいいのか，このような考えになってしまうことである。二つめは国語科としての学力形成の捉え方が，教師によって違い，曖昧になりがちであるということである。

　例えば算数と比べると分かりやすい。整数，分数，小数の四則計算や図形の面積を求めることなど，どれも算数は正解を出すことが求められている。学力が付いたかどうかが，子どもも分かりやすいし，教える教師も子どもの実態を把握しやすいのである。

　一方，国語の読解で言うと，何がどのようになったら，子どもは登場人物の心情の変化を読み取ることができたかなどを判断するのが難しい。評価規準を設定してみても，教える教師の考え方次第で，ばらつきが出てきてしまうのである。子どもの自由な読みに任せてよいと考えてしまう教師もいる。

　このような国語授業の指導についての悩みは，初任者教員や経験の浅い若手教員に限らず，中堅，ベテランでも，特に国語教育について研究を継続的に行ってきていない教師たちは感じているようである。

主体的・対話的で深い学びとは

　2017年3月には，2020年度から小学校で実施される新学習指導要領が文部科学省から公表され，新しい学びのスタイルが「主体的・対話的で深い学

び」と位置付けられた。それまではアクティブ・ラーニングと言われていたこの学びのスタイルは，教師主導型の授業から脱却し，子どもの主体的活動を多く取り入れていく学習である。

　国語の授業の指導方法に戸惑いを覚えている教師たちにとって，さらに新たな学びの「主体的・対話的で深い学び」が学習指導要領で示されたことで，これをどのように行っていったらよいのか，不安な気持ちになっている。この1年間，「国語の授業での『主体的・対話的で深い学び』とはどのようなものなのか」と，実に多くの教師たちから聞かれ続けてきた。

よい実践から学ぶ

　本書はその問いに真正面から応えるものである。

　私たち編著者3人は，東京都小学校国語教育研究会をはじめ，様々な国語研究会や研究発表会などで授業に関わってきた。また，各区や市での各学校での校内研究会で多くの指導をしてきた。その経験から，自分たちの目で見てきた確かな授業実践，授業をつくり出す秀でた技術，これらを厳選して紹介することになった。どれも子どもたちが主体的に取り組み，対話を通して深く学んでいる実践や技術ばかりである。理論編，授業づくりの技，授業づくりと3部構成の本書を読むと，「『主体的・対話的で深い学び』の国語の授業とはどういうものか」について，一応の理解をしてもらえると自負している。

　あらゆる学習の基礎基本となるものが言語活動を駆使する国語である。学習指導要領が変わる新しい時代に向けて，新たな視点で国語の授業づくりを進めていくことが大事である。

　最後に，本書を刊行するに当たり，後押しをしてくださった早稲田大学教職大学院の田中博之教授に深く感謝して，この書を手にとってくれた人たちとともに，これからもよりよい国語の授業づくりを進めていきたいと思う。

2018年5月

編著者　遠藤真司

CONTENTS

はじめに　2

第1章
理論編 主体的・対話的で深い学びの視点からの授業改善

- 1　今，求められる主体的・対話的で深い学び ……………………… 8
- 2　新学習指導要領に対応した国語授業 ……………………………… 12
- 3　主体的・対話的で深い学びの評価 ………………………………… 16
- 4　領域別にみる主体的・対話的で深い学びの授業 ………………… 20

第2章
実践編 深い学びを実現する授業づくりの技

- 1　主体的に学ぶ力が付くノート指導の技 …………………………… 32
- 2　主体的に学ぶ力が付く板書指導の技 ……………………………… 34
- 3　教材と学習計画の技 ………………………………………………… 36
- 4　深い学びを育てる発問の技 ………………………………………… 38
- 5　ICT機器を活用する技 ……………………………………………… 40
- 6　国語の学びと特別な教育的支援の技 ……………………………… 42
- 7　資料提示の技 ………………………………………………………… 44

第3章
実践編 深い学びを実現する
代表教材の授業づくり

■低学年の授業づくり

【1年　読むこと(文学)／話すこと・聞くこと】 …………………………………… 46
1　おはなしを楽しもう
　　教材名「たぬきの糸車」

【1年　読むこと（説明文）】 …………………………………………………………… 54
2　ちがいをかんがえてよもう
　　教材名「どうぶつの赤ちゃん」

【2年　読むこと（文学）】 ……………………………………………………………… 62
**3　がまくんとかえるくんのお話を読んで，
　　すきなところをしょうかいしよう**
　　教材名「お手紙」

【2年　読むこと（説明文）】 …………………………………………………………… 70
4　生きものなるほどはっぴょう会をひらこう！
　　教材名「たんぽぽのちえ」

■中学年の授業づくり

【3年　読むこと（説明文）／書くこと】　　　　　　　　　　　78
　5 すがたをかえる○○まき物をつくろう
　　　教材名「すがたをかえる大豆」

【3年　読むこと（文学）】　　　　　　　　　　　　　　　　86
　6 心にのこったことを自分の言葉で表そう
　　　教材名「モチモチの木」

【4年　書くこと／話すこと・聞くこと】　　　　　　　　　94
　7 組み立てを考えて書こう
　　　教材名「自分の考えをつたえるには」

【4年　書くこと】　　　　　　　　　　　　　　　　　　　102
　8「クラブ活動リーフレット」をつくって3年生にしょうかいしよう
　　　教材名「『クラブ活動リーフレット』を作ろう」

【4年　読むこと（文学）】　　　　　　　　　　　　　　　110
　9 新美南吉の作品を読み，パンフレットで紹介しよう
　　　教材名「ごんぎつね」

■高学年の授業づくり

【5年　読むこと（説明文）】　　　　　　　　　　　　　　118
　10 自分の生き方を考えて伝えよう
　　　教材名「千年の釘にいどむ」・自作教材

【5年　話すこと・聞くこと】 ……………………………………………………… 126
11　我が家の自慢料理
　　教材名「すいせんします」

【5年　読むこと（文学）】 …………………………………………………………… 134
12　作品の魅力をブックドアで紹介しよう
　　教材名「わらぐつの中の神様」

【6年　読むこと（説明文）／話すこと・聞くこと／書くこと】 ……………………… 142
13　筆者のものの見方をとらえ，自分の考えをまとめよう
　　教材名「『鳥獣戯画』を読む」

【6年　読むこと（文学）】 …………………………………………………………… 150
14　題名から作者の伝えたいことを考えよう
　　教材名「海の命」

【6年　書くこと】 ……………………………………………………………………… 158
15　大好きな自分の学校を紹介しよう
　　教材名「町のよさを伝えるパンフレットを作ろう」

おわりに　　166

第1章 理論編 主体的・対話的で深い学びの視点からの授業改善

1 今，求められる主体的・対話的で深い学び

1 「主体的・対話的で深い学び」が求められる背景

❶これからの社会で求められる人間像

　AI（人口知能）の進化が，将来予測もつかない職業をつくり出し，今ある職業のかなりの割合が消えていく運命にあると言われている。科学技術の目覚ましい発展，情報化の進展に伴うグローバル社会，それを取り巻く急激な構造変化は，私たち人間の将来の生き方，働き方をも変えようとしている。

　このような社会にあっては，これまで経験したことのないような課題が次から次へと押し寄せてくることになる。そのときに課題を受け身に捉えていたのでは，対応することができなくなる。自分のこれまでの知識，技能を基にして，新たな課題に積極的に立ち向かっていかなければならない。

　また予測不可能な時代にあっては，一人の人間が考え，対応していくには限界がある。今まで以上に，周囲の人たちと協働していくことが必要になってくる。他者と協働して，課題解決に取り組んでいく人間が，これからの社会には求められてくるのである。

❷これから育てるべき子ども像

　国立社会保障・人口問題研究所によれば，日本はこれから少子高齢化がますます進み，現在は7000万人以上いる生産年齢人口は，2030年には6700万人になると言う。このままでは国全体の力が衰えることになる。日本人の生活が今と同じ水準を維持していくためには，将来の働き手が，仕事の生産性を，今以上に上げていく必要がある。

　私たちの国の未来を背負うのは目の前にいる子どもたちである。この子ど

もたちが，将来社会に出たときに，期待されている人間像に応えられるよう，その資質能力を育てていかなければならない。

　学習に対して常に受け身の姿勢で，教師の指示を待っているのでは，これからの課題に立ち向かっていくことはできない。自ら進んで課題に取り組み，周囲の友達と積極的に交わり，話し合いをして，これまでになかった新たな考えをつくり出していく。このような子どもを学校教育で育てていくことが必要になってくる。「主体的・対話的で深い学び」が新学習指導要領でこれからの学びのスタイルとして位置付けられたのは，このような理由である。

社会の激しい変化（科学技術の発展，グローバル社会，少子高齢化等）
↓
これまで経験したことのない新しい課題の出現
↓
課題解決に向けて，積極的に周囲の人と協働的に関わる人材の期待
↓
学校教育でこれから求められるのが「主体的・対話的で深い学び」

2　「主体的・対話的で深い学び」の授業とは

❶これまでの授業の課題

　教科書を読みながら，教師が「ここで登場人物は何をしたのですか」「この言葉を言ったのは誰ですか」など，書いてあることを次々に質問をしていく「なぞり型」授業。挙手をした子だけが指名を受けて発言し，他の子たちは口を開かず黙ったまま進んでいく，子どもたちの「一部参加型」授業。教師が積極的に課題を取り上げ，自分のもっている知識を子どもたちに次々に伝えていき，子どもたちは黒板に書かれた教師の文字をただひたすらノートに写していく教師主導の「知識伝達型」授業。

今でも多く見られるこのような授業からでは，課題に対して主体的に立ち向かう子どもたちの態度を育てることはできない。常に受け身になってしまい，十分な思考力を育てられず，周囲の友達と協働する学びを実現することはできない。新学習指導要領の実現に向けて，このような古い型の授業から抜け出すことが必要になってくる。

❷「主体的・対話的で深い学び」の授業とは

　主体的とは，課題に対して受け身とならず，積極的に取り組むことである。対話的とは，課題解決に向けて周囲の友達，さらには学級全体で話し合いをして課題解決に向かうことである。深い学びとは，これらの活動を通して，新しい発見があり，授業開始時の自分と比べて考えが深まるということである。教師の一方的な話をただ聞いている授業とは違い，話し合いが主体となってくる。「主体的・対話的で深い学び」の授業を実現する流れは次のようになる。

○課題設定

　誰もが容易に答えられる課題，いくら話し合っても一定の方向にたどり着けない課題などではなく，子どもたちの考えが分かれて議論したくなる課題が最適となる。迷いや試行錯誤が生じ，話し合いが必要となる学習を求めて，教師が十分な教材研究をした上で，子どもたちに考えさせたい課題を，子どもたちとともに設定したい。

○自分の考え

　課題が設定されたら自分の考えをもつことが必要である。なぜなら自分の考えが確かなものになっていないと，内容豊かな話し合いの学習にはならないからである。ノートやワークシートなどに書きとめ，明確にしておくことが大事である。これをもとにして話し合いの学習に臨んでいく。

○2人組や少人数グループでの話し合い

　2人組や少人数グループ（3〜5人など）で，課題解決に向けての話し合いをする。自分の考えをお互いに伝え合う。その上で自分の考えと同じところや違うところを明らかにして，質問したり，意見を述べたりして，お互い

によりよい考えになるような話し合いをしていく。
○学級全体での話し合い
　2人組や少人数グループ（3～5人など）で話し合ったことを，学級全体で意見を交流したり，共有をしたりする。全体での話し合いを通して，教師は子どもの考えのよいところを確認したり，誤りを正したり，教師の導きたかった方向へ軌道修正したりする。
○改めて自分の考え
　友達との話し合いを通して，自分の考えが間違っていたことを知ったり，自分では分からなかったところに気付いたりすることがある。また，自分一人では決して到達しなかった新たな考えを，友達とつくり上げることができる。自分の学習を振り返り，改めて課題に対しての自分の考えを明確にもつことで，1時間のこの学習を経て，考えが深まったということが言える。

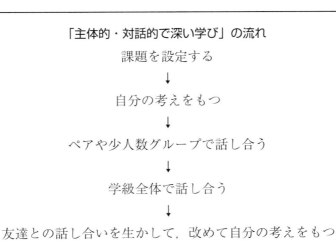

（遠藤　真司）

2 新学習指導要領に対応した国語授業

1 情報化社会に向けた授業の在り方

❶情報化社会に向けた思考力，判断力，表現力等が育つ授業

　新学習指導要領では，「知識及び技能」「思考力，判断力，表現力等」「学びに向かう力，人間性等」を三つの柱とした資質・能力の育成が求められている。その柱に基づき，国語の「思考力，判断力，表現力等」では，

> ①創造的・論理的思考を高めるため
> 　　「情報を多面的・多角的に精査し構造化する力」
> ②自分の感情をコントロールすることにつながる
> 　　「感情や想像を言葉にする力」
> ③他者とのコミュニケーションにつながる
> 　　「言葉を通じて伝え合う力」

という三つの側面を育成することが求められている。

　特に情報化社会においては，言語による新たな情報と既存の知識を組み合わせて構造化し，課題を解決したり，考えを形成したりして，新たな価値を創造し表現していく授業が大切である。その学習過程において，情報を取捨選択するなど思考を働かせ判断し，自らの思いや考えを深めていくのである。

　例えば「読むこと」の学習では，書かれている内容の把握や解釈だけではなく，認識から思考へ，思考から表現へという言語活動の工夫が大切である。

> ○自己の考えの形成やその考えを対話的な学びを通して共有する。
> ○情報（自己の経験，他の作品，データ等）と組み合わせ思考を広げる。

○自己の考えを深め表現していく。

❷情報化社会に向けて求められる国語力

　科学技術の進歩により，子どもたちが日常的に本やテレビだけでなくコンピュータやスマートフォン，ゲーム機等を通して，いつでも多くの情報とつながることができるようになってきた。あふれる情報を取り入れ，取捨選択し，活用していくためには，言語による情報活用の力を育て，論理的に思考していく知識や技能の育成が求められている。新学習指導要領では，「知識及び技能」に「情報の扱い方に関する事項」が新設された。

「情報と情報との関係」
・共通，相違，事柄の順序（第1・2学年）
・考えとそれを支える理由や事例，全体と中心（第3・4学年）
・原因と結果（第5・6学年）

　これまでも「読むこと」や「話すこと・聞くこと」，「書くこと」の領域において必要とされていた思考や表現の基礎的技能を，「情報の扱い方」として位置付けているのである。共通点や相違点に着目しながら読むことや原因と結果を明らかにして伝えることなど実際に読んだり書いたりする中で，活用しながら理解を深め，情報の視点から言葉の力として身に付けさせることが，一層必要になる。

「情報の整理」
・比較や分類の仕方，必要な語句の書き留め方，引用の仕方や出典の示し方，辞書や辞典の使い方（第3・4学年）
・情報と情報との関係付けの仕方，図などによる語句と語句との関係の表し方（第5・6学年）

　本やインターネット等からの情報をどのように書き留めて整理し活用するか，図表や写真等と組み合わせてどのように伝えていくかなど，言葉や文章

を情報として捉え整理し，非言語の情報とも関係付けて活用していく言葉の力は，今後さらに必要とされていく。

2 インターネットや新聞，ICT機器などを活用した授業

❶新聞やインターネットなどの情報を活用した授業

　学習指導要領で示された「深い学び」とは，子どもたちが，自ら主体的に課題に関わり，追究していく過程での思考の多様化や深まりを示しているものである。
　第5・6学年での説明的文章の学習を例に考えてみよう。

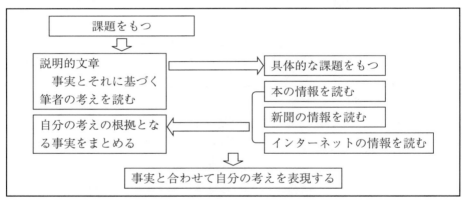

　説明文を読んだ際に，そこに書かれている事実や筆者の考えを読むことで，基礎的な技能を身に付ける。それを活用し，様々な情報を多面的に調べ，その事実を整理する中で取捨選択し，再構成する。読みの活用である。そして，その事実を基に，自分の考えを表現するのである。
　情報化社会で求められる授業は，よく教えて覚えさせる授業ではなく，自ら考えつくり出していく授業である。本や新聞，インターネットの情報には，それぞれの特性がある。その特性を生かして，多様な情報を基に，自ら取捨選択し，考え，自己の考えを表現する授業を行っていきたい。
　そのためには，国語の学習でも，積極的に，本や新聞だけでなく，ICT

機器を使ったインターネットからの情報も活用していきたい。
❷電子黒板や電子教科書，タブレットを活用した授業
〇電子黒板や電子教科書を活用した授業
　マルチメディア時代になってきて，子どもたちが，文字からだけでなく写真や映像，絵やグラフなど，非言語の情報を組み合わせてより豊かに考えるようになってきている。こうした中で，徐々にではあるが，電子黒板と電子教科書を組み合わせて活用する授業が増えてきている。教科書と同じ文章が黒板に映し出されることで，聞くことより見ることのほうが理解しやすい子どもにとっては，分かりやすい授業になってきた。また，語彙が少ない児童にとって，挿絵を拡大し，言葉と挿絵を組み合わせることで語彙の理解や習得，場面の想像などが確実になってきた。
〇タブレットを活用した授業
　タブレットを活用することで，これまで評価しにくかった話すこと・聞くことの学習では，グループで互いにスピーチや対話の様子を録画し，再生して自己の言語活動について自己評価し，さらによりよくする学びができる。
〇タブレットとアプリケーションソフトを活用した授業
　アプリケーションソフトを活用し，それぞれがタブレットに書いた考えや表現をスクリーンに転送し，プロジェクターを使ってその情報を瞬時に映すことで，対話的な学びがより一層広がっている。コンピュータによるプレゼンテーションソフトの活用やソフトを活用した文章作成などにより，言語と非言語（表やグラフ，写真，映像など）を組み合わせた表現につなげる授業や，キーワード・キーセンテンスを中心に説明する力を付ける授業も少しずつだが増えてきている。

　情報化社会にあって，多様な資料と組み合わせて効果的に自己の考えを表現していく言葉の力として，目的に合わせて論理的に構成していくことこそ，今後の国語として期待される。ＩＣＴ機器をどこで，どのように活用することが効果的か，ＩＣＴ機器を活用した際にどのようにノートを書かせていくのかなど，今後の課題として考えていく必要がある。
　　　　　　　　　　　　　　　　　　　　　　　　　　　（鶴巻　景子）

3 主体的・対話的で深い学びの評価

1 「指導と評価の一体化」から「評価と指導の一体化」へ

● 評価に対する発想の転換

近年，学習規律の確立を目指した標語に変化が生じている。

チャイム着席	…	チャイムが鳴ったら着席して学習の準備をする。
↓		↓
着席チャイム	…	着席した状態で授業開始のチャイムを聞く。

言葉の順序を入れ替えただけだが，印象が大きく異なり，効果も大である。評価も同じで，「指導と評価の一体化」を以下のように捉えると，評価に対する発想の転換がなされ，指導に生かす評価という意図が鮮明になる。

○指導と評価の一体化
　…「指導」して「評価」して終わりという誤解を生みやすい。
　　　　　　　　　　　↓
○評価と指導の一体化
　…授業のはじめに「指導」して，途中必要に応じて学習状況を「評価」し，必要に応じてまた「指導」して，授業の終わりにまた「評価」する。その繰り返しにより，授業のねらいを達成することができる。

2 主体的・対話的で深い学びの評価はこうする

中央教育審議会答申や学習指導要領解説総則編から，今後あるべき評価の

姿をさぐると以下のようになる。

〈中央教育審議会答申「幼稚園，小学校，中学校，高等学校及び特別支援学校の学習指導要領等の改善及び必要な方策等について（28.12.21）」P.63〉

> 指導と評価の一体化を図る中で，論述やレポートの作成，発表，グループでの話合い，作品の制作等といった多様な活動に取り組ませるパフォーマンス評価などを取り入れ，ペーパーテストの結果にとどまらない，多面的・多角的な評価を行っていくことが必要である。さらには，総括的な評価のみならず，一人一人の学びの多様性に応じて，学習の過程における形成的な評価を行い，子供たちの資質・能力がどのように伸びているかを，例えば，日々の記録やポートフォリオなどを通じて，子供たち自身が把握できるようにしていくことも考えられる。
> また，子供一人一人が，自らの学習状況やキャリア形成を見通したり，振り返ったりできるようにすることが重要である。そのため，子供たちが自己評価を行うことを，教科等の特質に応じて学習活動の一つとして位置付けることが適当である。　　　　（下線は執筆者による。以下同様）

〈新「学習指導要領 国語解説編」P.95・96 第3・4学年「話すこと」〉

> ウ　話の中心や話す場面を意識して，言葉の抑揚や強弱，間の取り方などを工夫すること　…　自分や友達の発表の様子を録画し，観点に沿って振り返るなど，ＩＣＴ機器を活用することも効果的である。

　キーワードは，「パフォーマンス評価」「ポートフォリオ評価」そして，「学習の見通しと振り返り」である。また，「国語解説編」第3・4学年「話すこと・聞くこと」には，ＩＣＴ機器を活用した「録画」による評価も位置付けられている。

これからの評価は，以下のように発想を転換することが必要である。

> ・依然として行われている，ペーパーテストの点数（何点以上はＡ，何点から何点がＢなど）のみでの評価・評定から
> ↓
> ・パフォーマンス評価・ポートフォリオ評価等の多様で的確な評価へ

〇パフォーマンス評価

　パフォーマンス評価と言うと，発表の様子を評価することと狭く捉えがちだが，「国語解説編」には，
・論述やレポートの作成　　　・発表
・グループでの話し合い　　　・作品の制作　など
といった多様な活動に取り組ませることが示されている。
　これらの内容一つ一つを単元に合わせて<u>具体化・見える化</u>し，評価を行うようにする。「見える化」とは，学習時の子どもの内面を表出させ，それを基に評価することである。表出のさせ方をいかに工夫するかが大切であり，学習指導計画作成の重要な要素となる。

〇ポートフォリオ評価

　子どもの学習状況を適切に把握し，指導に生かす上では，パフォーマンス評価と密接に関わらせながら，ポートフォリオ評価も行う必要がある。これまでにも取り組まれてきた評価方法であるが，今一度その在り方を見直し，「評価と指導の一体化」を図る中で<u>具体化・見える化</u>し，より適切なものにしていくことが<u>重要</u>である。
・子どもたちが，その時間の学習課題に対して，自分の考えを記述したノートやワークシート
・つくった自分の考えを基に話し合う場面での発言の様子
・１単位時間の終わりに記述した学習の振り返り
・単元の目標に関わって作成した作品　など

○学習の振り返り

　校内研究会や区市の教育研究会で行われる研究授業においてしばしば見られる「学習の振り返り」は，
・観点を設けて「◎○△」の印を付ける。
・学習の「感想」を書く。
という活動である。この振り返りでは，印を付ける基準が示されておらず，「感想」だけを記述させることになる。これでは，自らの学習状況を「適切に」振り返ることは難しい。

　例えば，文学的文章の読みの場面において，
①登場人物の様子や気持ちで分かったこと
②読み取り方で分かったこと
③友達の考えでよいと思ったこと
④もっと知りたいこと
⑤感想
など，記述の観点を提示し，子どもたちがその観点からいくつかを選んで文章で記述するようにしたらどうだろう。中でも大事にしたいのは，②の「言葉の力」につながる項目である。文章記述のさせ方を工夫し，適切に自己評価できる力を培い，それを教師の評価にも活用したい。

○ＩＣＴ機器の活用

　例えば，「話すこと・聞くこと」の授業で，グループごとに発表の練習をする際，タブレットを使用することは極めて効果的である。発表の様子を録画し，その場で画像を見ながら振り返ることができる。音声言語は通常「消えていく」ため，事後の評価が難しい。しかし，タブレット等の活用により，その困難さが解消される。今後，タブレット等のＩＣＴ機器の導入が進んでいく。教師も子どもも，慣れないと機器の操作でつまずき，活用に消極的になったりするが，すぐに慣れるものである。今後の授業では，評価にＩＣＴ機器を活用することは不可避である。操作に慣れて活用していきたい。

（悴田　康之）

4 領域別にみる主体的・対話的で深い学びの授業

1 【話すこと・聞くこと】話し合い活動を核とした授業づくり

　「主体的・対話的で深い学び」の授業を展開していくには，話し合い活動が核となってくる。「話すこと・聞くこと」の授業では，その領域の特性から，話し合い活動が当然入ってくる学習の流れとなるのでイメージしやすいだろう。授業全体で指導する重点は次の通りである。

❶指導の重点
○根拠を基にして，自分の考えを述べる
　ＰＩＳＡ国際学力調査（2003）で日本の高校生の課題となったのが，「根拠を基にして自分の考えを表現する」ことが苦手だということである。自分の考えや思いは，ただ何となくではなく，何らかの根拠があるはずである。その根拠を基にして述べるという習慣を付けさせることが大事である。「なぜそう思ったのか，そのわけは」「理由を必ず言って，自分の考えを言うようにしよう」など，学年の発達段階に応じて，子どもたちに根拠を明らかにするように問いかけて指導をしていくことが大事である。

○友達の考えを聞き，話し合いを通して新たな発見をする
　学習は決して自分一人で考え，解決していくものではない。他者がいて，その人たちの考えを聞いて，自分の考えと比べて，自分の考えが確かなものとなっていくのである。話し合いをして，自分の考えとの違いや共通点に気付く，よりよい考えにたどり着く，新たな考えが生まれる，などの過程を通して，より深い学びを得ることになる。集団としての学びの成果は，話し合いを通して得られるのである。

❷「話すこと・聞くこと」の授業における「主体的・対話的で深い学び」

　自分で「話すこと」を考え，グループで助言をし合い，それを生かして，直した上で「話すこと」の活動を行うことが基本の学習の流れとなる。

○スピーチ

　例えば「未来をよりよくするには」のテーマでスピーチをするときは，まず自分一人で，どんな社会にしていきたいか，そのために自分はどんなことができるか，しなければならないかなどを考える。またよりよい未来にしていくための情報などを調べてみる。

　次に少人数グループをつくり，その中で練習スピーチをして，友達同士，お互いにもっとよくしていくための助言をし合う。

　それを生かして，自分一人で考えたスピーチの手直しをして，学級全体にスピーチを行う。学級の友達から，よりよくしていくために感想を述べてもらい，それを次のスピーチ活動に生かしていく。

○発表会

　基本的な学習の流れは，前述のスピーチと同じである。あるテーマのもと，自分で調べたことを知らせながら自分の考えを述べるようにする。例えば「お互いに支え合う社会について」のテーマで発表会を行うとする。障害がある人が過ごしやすくなるための仕組みを調べたりして，その資料をつくる。

　次に少人数グループをつくり，その中で発表練習を行い，友達同士，お互いにもっとよくしていくための助言をし合う。それを生かして，本番の発表会に臨む。資料をどのように見せると，内容が分かりやすいかなどの観点で助言し合うとよい。

○報告会

　何かを体験したことについて，そのときの写真などの資料を見せて報告をする活動である。これも基本的な学習の流れは，スピーチと同じである。

　例えば，宿泊行事の移動教室報告会を保護者に向けて行うとする。家を離れて友達と宿泊して過ごす移動教室という行事の中の，特にどれを取り上げて資料を準備して，報告をするかを考える。次に少人数グループをつくり，

その中で報告練習を行い，友達同士，お互いにもっとよくしていくための助言をし合う。それを生かして，本番の報告会に臨む。報告会は通常，経験したことのない者にその様子を伝えるためのものであるから，その場にいるかのような臨場感ある話や資料が望ましい。その観点で助言をするとよい。

○討論会

あるテーマについて賛成の立場，反対の立場と，対立する立場からの立論を考え，討論するものである。

例えば「ＴＶゲームは子どもにとっていいか悪いか」というテーマで討論をする。賛成側に立つ子どもたち，反対側に立つ子どもたち，それぞれＴＶゲームのメリットやデメリットを自分でまず考え，どのような論理で主張するかを考える。その後，賛成側と反対側に分かれたグループで集まり（人数が多かったら，さらにそのグループをいくつかに分ける），それぞれが挙げてきた点を検証して，より説得力のある言葉にしようと練っていく。その際は事柄だけでなく，話す言葉も，より訴えやすい表現や言い方を考える。

○インタビュー

社会科見学や地域学習などで，大人にインタビューすることがある。また校内の教師に学校内の様子や仕事などについてインタビューすることもある。ただ質問項目をあらかじめ挙げておき，相手の答えにかかわらず先を進めていくのでは，適切なインタビュー学習とは言えない。これでは質問紙をあらかじめ渡しておけば済むことになる。相手の答えに合わせて，次の言葉を言ったり，相づちを打ったり，お互いに話を交流する対話型のインタビューを進めていく指導が大切である。

まず相手へ伝えるインタビューの目的，質問項目，最後のお礼の言葉などを自分で考える。次にグループで練習インタビューを行い，よりよい受け答えになるよう助言し合う。ここの話し合いを，本番のインタビューに生かしていく。

○話し合い

あるテーマを学級全体で話し合うことがある。そのときに，そのテーマに

ついて自分の考えをもって意見を言う。意見があまり出てこない状態になったら，司会役は一度，近くの人と話し合う場をつくる。近くにいる友達と，そのテーマでさらに言うことは何か，いい考えはあるか，賛成か，反対か，付け足しの意見はないかなどを話し合う。それを基に話し合いの続きで意見を述べていく。

❸「話すこと・聞くこと」の授業における学習形態

○2人組（ペアトーク）

低学年から高学年まで，まずは2人組の対話（ペアトーク）が話し合いの基本である。相手を見て，自分の考えを伝え合う。通常は席の隣り合わせ，あるいは前後の席などがよいだろう。しかし，話す力や聞く力は子どもによって違いがある。なかなか対話が成立しないときもある。いつも相手が同じということがないように，同じ話題でも席をずらして相手を変えていくなどの工夫をする。

○3人組

自分の話に対して2人から意見をもらえるので，2人組の対話に比べて，より広い見方の話し合いの内容になる。2人が話しているときに，もう一人は自分の考えをまとめられるので，気持ちに少し余裕が出てくる話し合いとなる。

○4人組

少人数グループでは最も多く採られている人数。適度に緊張感を保ち，適度に余裕をもって人の話を聞く時間がとれる。

5人以上の人数だと，席も離れて話し合いそのものを他人事として聞く子が出てくる。グループの人数は3～4人がよいだろう。ただし，テーマや学級の構成によっては5人，6人で練習や話し合いのグループをつくることもある。この場合には机を取り払い，椅子席だけにして，できるだけ子どもたちが近くに寄って話し合いができる形態をとるのがよい。

（遠藤　真司）

2 【書くこと】書くことで,主体的・対話的な深い学びの実現を

❶書きたい！　主体的に書く活動

　子どもたちが「書きたい！」と思うための工夫には，題材の工夫，表現形式の工夫，用紙の工夫，書く分量の工夫，非言語（図や表，写真や絵など）と組み合わせる工夫などがある。

○題材と表現形式の工夫

　各教科等の学習や児童の日常生活での経験などと関連させ，子ども一人一人にとって書くことのよさを実感できるものとなる題材がよい。また，題材によって，表現形式（常体と敬体，構成，事実と感想や意見など）の工夫をすることが大切である。

第１・２学年→夏休みのお手紙，絵日記，お話づくり，観察日記，
　　　　　　　楽しかったこと，おもちゃづくり　など
第３・４学年→町探検リーフレット，○○新聞，お礼の手紙，案内状，
　　　　　　　実験レポート，見学報告書，詩や物語づくり　など
第５・６学年→意見文，説明文，紹介文，手紙，調査報告書，
　　　　　　　経験に基づく自分の考えや思い，短歌や俳句　など

○用紙の工夫と書く分量

　手紙を書くためと新聞ではおのずと用紙が違ってくる。どのような用紙を使って表現していくのかは，主体的な学びに大きく影響する。また，書くことの実態や発達段階に応じて書く分量を工夫していくことで，書く意欲と確かに書く力につながる。

　例えば，意見文では，1000字程度またはそれ以上の分量で書くと，事実と意見が分かりやすく読み応えのある文章になってくる。一方で，100字で自分の考えをまとめて新聞や紹介文に書くことも，意欲を高め書く力につながっていく。用紙と分量を工夫し，多様な書く活動を行っていきたい。

○図や表，写真や絵などと組み合わせて書く工夫

　これからの「書くこと」の学習で，論理的に表現し，説得力のある文章にするためには，図や表，写真や絵などの情報と組み合わせて表現することが大切である。この力は，理科や社会，総合的な学習の時間の学習でも活用できる。そのため，しっかりとした言語の力を付けさせたい。

❷書くことの学習過程と主体的・対話的な活動

　書くことの学習過程は，次の５つの過程に分けられる。

○題材の設定，情報の収集，内容の検討　　　○構成の検討
○考えの形成，記述　　　○推敲　　　○共有

　学習過程に沿って，豊かに書くためには，まず，相手や目的，意図に応じて，表現のゴールイメージを明確にもつことが大切である。何のために，誰に向けて，どのように書くのか，それにより書きたい！と思える課題をつかむことができる。教師自身がモデル文を書いてみることも大切である。

○主体的に取り組む情報収集（取材）と内容検討の工夫

　主体的に情報収集（取材）をするために，第１・２学年では，２人組や３人組などで行うことで情報収集の確かな力を付けていくことができる。第３・４学年では，情報を書き留める（メモする）工夫が大切である。第５・６学年では，グラフや表，写真や絵，インタビューやアンケートなど目的に応じた多様な情報収集が求められる。多様な情報から必要な情報を取捨選択する際には，次のような指導が必要である。

第１・２学年→必要な事柄を集めたり確かめたりする。
第３・４学年→集めた材料を比較したり分類したりする。
第５・６学年→集めた材料を分類したり関係付けたりする。

○対話的に学ぶ構成の検討

　これからの学習では，表現方法によってその特性が生きる構成の工夫が大

切である。例えば，新聞の構成，リーフレットやパンフレットの構成となった場合，文章とグラフや表，絵や写真などと，どのように組み合わせて書いていくのか，紙面全体をどのように表現するとよりよく伝わっていくのか，ホワイトボードやスケッチブックなどを使って，自由に発想を広げながら構成を考えていくことが大切である。その際，自分の考えをもち，グループや少人数での対話的な検討を取り入れてつくり，それを基に，自分の考えを整理していく学習の進め方が効果的である。

○考えの形成と主体的に記述する工夫

　自分の考えを明確にして書き表していくことは，とても大切である。ぜひ，記述に入る前に書かせておきたい。事実を表す文の書き方と意見や感想では，文末表現が違う。どのように記述すればよいのか書き方を示すことがとても重要である。また，段落や接続詞についても，主体的に書き進めるために，記述の前に効果的な使い方を示す必要がある。

　記述に当たっては，次のことを重点として指導する。

第１・２学年→語と語や文と文との続き方に注意して分かるようにする。

第３・４学年→自分の考えとそれを支える理由や事例との関係を明確にする。

第５・６学年→自分の考えが伝わるように書き表し方を工夫する。

○推敲

　文章を読み返し，間違いを正したり，語や文の続き方を確かめたりすることを習慣化することはとても大切である。この段階で対話的に学習を進め，間違い見付けをする授業を見ることがあるが，むしろ，推敲は，発達段階に応じて自分自身で書いたもの見直し，整えていく力を育てていきたい。

○共有

　書いたものが活用されることで，また書きたい，次はこう工夫したいといった主体的な学びにつながっていく。そのため，共有では，それぞれのよさ

を認め合う活動をさせたい。共有の仕方として,互いに読み合うことだけでなく,ＩＣＴ機器を使った発表形式を取り入れることもよい。
❸日常的に書く力を育てる言語活動の工夫
〇短い文で日常的に書くことの習慣化
　日常から少しでも書き慣れていくことは,とても大切である。

単作文→	100字程度で同じ題名や日常のことを短い時間で書く。
お礼の手紙→	ゲストティーチャーの授業や見学したときにお世話になった方への短いお礼の手紙を書く。
はがき新聞→	はがき大の用紙に,テーマを基に事実を中心にまとめる。
言葉のノート→	自分が興味をもった新聞記事や出来事をノート１ページに自由にまとめる。

〇記述力を付ける日常的な取り組み
　ようーいドン。３分間でどのぐらい視写できるか,これを週１回継続的に行っていくと,確実に正確に書き写す力が伸びてきて,子どもたちに書く自信が付いてくる。その中で,漢字も書けるようになってくる。この力が実は書くことを支える力になっていく。
❹ＩＣＴ機器を活用した書くことの学習
　うまく書けなくて書いては消し,消しては書くといった子どもを見かける。そこで,タブレットにタッチペンでどんどん書かせる。タブレットは,消しゴム機能ですぐに消せ,用紙も汚くならない。字の乱れも手書きから印刷文字への変換ができるので,子どもにとって書くことへのハードルが下がる。また,メモとして使うことで情報整理もしやすくなる。教師や友達のアドバイスも気軽に書き込め,対話的な学びとしても活用できる。ぜひ,ＩＣＴ機器を活用した授業の工夫にも取り組みたい。

　　　　　　　　　　　　　　　　　　　　　　　　　　（鶴巻　景子）

3 【読むこと】文学・説明文の読みで育てる主体的・対話的で深い学びの力

❶文学的文章の読み

〇これまでの文学的文章の読みの指導の課題

　文学的文章には様々な作品がある。「名作」と言われ，長く教科書に掲載され続けている作品もあれば，改訂の都度入れ替わる作品もある。民話もあれば伝記もある。それらは，作品に合った読み方をすることで，読むことを楽しみ，言葉の力を付けることができる。

　しかし，文学的文章の読みの課題として，以下の課題があった。
①どの作品でも，登場人物の「気持ちは，気持ちは」と問い続ける
②教師主導一問一答型の授業
　すると，
①子どもは，教師が次に何を問うのか分からず，受け身の姿勢になり，
②一人の反応の早い子が，いわゆる「正解」を答えて次に進む
という繰り返しで授業が進み，「つまらない」読みの授業になっていた。

〇目指す読みの姿

　5年生の教科書（光村図書）に載っている「大造じいさんとガン」の中に「夏のうちから心がけてタニシを五俵ばかり集めて」という叙述がある。この叙述は，2の場面の最初のほうにあり，特に立ち止まらせなければ，通り過ぎがちな叙述である。しかし，
〔問い1〕米一俵の重さはどれくらい？　五俵だとどれくらい？
　　　　（約60kg…米とタニシでは違うが，量が多いことは想像に難くない）
〔問い2〕タニシ一匹の大きさは？（とても小さい…集めるのにすごい努力）
〔問い3〕五俵もの大量のタニシをどうやって生かしておいた？
などと問いかけると，この叙述に込められた，「何としてでも残雪をとらえたい」大造じいさんの執念が読み取れる。そこから，「数字が出てきたら気

を付けて読む」という「読みのコツ（言葉の力）」を身に付けさせることができる。

　これは一例だが，こうした，立ち止まらせると読みのコツを見付けられる叙述を大切に扱う読みの指導を行うと，子どもたちは言葉のすばらしさについて新鮮な「発見」を味わい，それが次の読みへの原動力となる。

　また，新学習指導要領「読むこと」の第５・６学年には，「物語などの全体像を具体的に想像」するという記述があり，国語解説編には，「物語などの全体像は，登場人物や場面設定，個々の叙述などを基に，その世界や人物像を豊かに想像することで捉えられる。『何が書かれているか』という内容面だけでなく，『どのように描かれているか』という表現面にも着目して読むことが，物語などの全体像を具体的にイメージすることにつながる。」と説明されている。これは，今後求められる読みの姿を示している。本書にも例を載せている。参考にし，実践の中で具体化したい。

〇文学的文章の教材研究例（第２章３－技１の補足）

　様々な文学的文章の教材研究の仕方があるが，ここでは，「５色の色分け」について述べる。文学的文章は「会話」「気持ち」「情景」「行動」「説明」から成ると捉える。そして，それぞれに色を決めて，マーカーなどで作品の叙述を塗り分けるという方法である。

　例えば，「会話」をピンク，「気持ち」を赤，「情景」を青，「行動」を緑，「説明」を黄色のように決め，塗り分けていくと作品の特徴が見えてくる。

　情景が全く描かれていない作品，気持ちが直接表現されていない作品，会話を中心に描かれている作品など，その作品の特徴を捉えることで，読みの指導の在り方が見えてくる。

　１作品や２作品色分けしただけでは実感しにくいが，数多く色分けすると，作品の特徴が浮かび上がる。その教材研究を指導に生かしたい。

❷説明的文章の読み

〇これまでの説明的文章の読みの指導の課題

　研究会で「文学的文章と説明的文章，指導はどちらが難しいか」と問うと，

「文学的文章」という答えが多い。これは、教科書に載っている説明的文章は、大人が読めば内容がすぐに分かる（気になる）ので、指導もしやすいという錯覚があるのではないかと推察される。果たしてそうだろうか。

　説明的文章の読みの課題として、大事なところを見付けて抜き出したら次の学習へ、という繰り返しが行われていることがある。例えば、１年生の「じどう車くらべ」（光村図書１下）であれば、

①問いの文にしたがって、自動車の「しごと」と「つくり」を見付け、

②穴埋め式のワークシート（四角い枠に言葉を入れていくだけなので、「枠シート」とでも呼ぶべきものだが）に書き込んでいき、

③見付けた「しごと」と「つくり」を発表したら次の自動車へ

というように学習が進んでいく。こうした学習が説明的文章の読みの指導では多く行われているのではないだろうか。大事なところを見付け、抜き出す力ももちろん大切だが、それだけでは、面白くないし言葉の力も付かない。

〇目指す読みの姿

　例えば、「バス」の「しごと」と「つくり」を読み取る学習では、教材に書かれている「つくり」以外にも、子どもたちは生活の中でたくさんの「つくり」に触れている。路線バスに乗ったことのある子もいるし、遠足や社会科見学などで観光バスに乗ったこともあるだろう。

　こうした生活の中で知っている「つくり」を教材文の書きぶりに沿って、行間に書き込み、それを入れて音読すると、自分だけのバスのページができる。見付けた「つくり」を発表し合ったら、よく見つめさせ、「仲間分けできないかな」と問えば、路線バスと観光バス、その他のバスに「つくり」を仲間分けすることもできる。

　また、「クレーン車」のページには、クレーン車のさし絵が添えられており、「じょうぶなうでがのびたりうごいたりするように作ってあります」という表現がある。そこで、「しごと」と「つくり」を発表させた後、

〔発問〕うでって、どこの部分でしょう。

と問いかけ、丸で囲ませる。子どもはあまり迷わずに丸で囲む。そこで、

〔発問〕うではどんな動き方をしますか。
と問う。うでの動きには「縦の動き」と「横の動き」があり，横に回転する際は，運転席ごと回る。そこで，
〔発問〕運転席までうでに含めたら？
と揺さぶりをかけると，対話的な学びが生まれる。子どもたちは，本文を読み返したりさし絵を見たりして根拠を探して考えを深めていく。

　一見簡単そうな1年生の説明文であるが，よく読んでみると，大人でも判断に迷うことがある。説明的文章の読みは，けっこう難しく，それだけに，読み解いたときの喜びも大きいのである。

　また，新学習指導要領「読むこと」の第5・6学年には，「文章全体の構成を捉えて」や「論の進め方について考える」という記述があり，国語解説編には，以下のように説明されている。
「ア　要旨を把握するためには，（中略）全体を通してどのように構成されているのかを正確に捉えることが重要である。」
「ウ　論の進め方について考えるとは，（中略）書き手は自分の考えをより適切に伝えるために，どのように論を進めているのか，どのような理由や事例を用いることで説得力を高めようとしているのかなどについて考えをもつことである。」

　これについても，本書の実践例を参考にされたい。

○説明的文章の教材研究例

（文章構造図の作成）

　段落相互の関係だけでなく，全文を図に表すことにより，言葉と言葉，文と文，言葉と文等の関係を詳しく把握する。

　右図は，1年生の「じどう車くらべ」の文章構造図例（紙面の都合でイメージ図となっている）。

（忰田　康之）

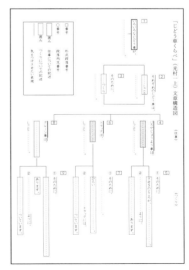

第2章 実践編 深い学びを実現する授業づくりの技

1 主体的に学ぶ力が付くノート指導の技

ノートに書く意義

　ノートには，自分の発見や疑問，考えを書くことで，自分がどのように考えたのかという学習の過程や成果が一目で分かるという大事な役割がある。全員が同じ中身や内容ではなく，一人一人違うノートであってよい。低学年のうちから自分の考えや感じ方などをノートに書く力を身に付けていく。

技1　基本を学ぶノート指導

❶丁寧に文字を書く習慣づくり

　丁寧に書くためには，正しい姿勢をすることや鉛筆の持ち方などの指導も重要である。まずは，文字をマスの中に丁寧で正確に書く習慣を身に付けさせる。大事な言葉や見出しは赤鉛筆で書く，間（行やマス）を空けるなどノートのきまりを一つ一つ確認していきながら授業を進める。最初に板書を正確にノートに書くことは，学習の仕方を理解させるために必要な手立ての一つである。

❷日付，教材名（本時のめあて）を書く

　日付や教材名やめあてを毎回授業のはじめに書く。学びに向かう構えをつくり，学ぶ目的をはっきりとつかみ，見通しをもって学習できるようにする。授業の終わりには，学習感想（めあてに対して自分の学びがどうだったか）を書くことで，自分の変容を知り，自己評価をする力を育成することにつながる。

技2　表現方法を工夫したノート指導

❶低学年

低学年のうちは登場人物になりきって，吹き出しに気持ちを書くことを行う。これは，どの学年でも取り入れやすい。他にも，登場人物になったつもりの「〇〇日記」や登場人物への手紙などの方法でもまとめることができる。

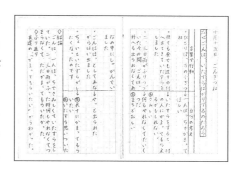

❷中学年

中学年になると，自分の考えをノートにまとめる活動を行う。ノートを2段に分け，上段に登場人物の気持ちが分かる会話や情景描写，行動を書く。下段には，分かったことや自分で考えたことを書いたり，友達との交流から共感したことも書き加えたりすることで，思考を整理することができる。

❸高学年

高学年では，これまでに学んできたノートのまとめ方を生かし自分の考えをもち，整理する力を付けていく。友達のノートと比べたり，友達との話し合い活動から得た新たな考えを取り入れたりしながら，教材文の主題や要旨についての自分の考えをまとめていく。

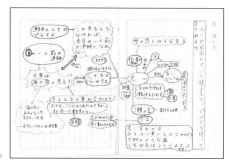

（池田　良子）

2 主体的に学ぶ力が付く板書指導の技

技1　学習の流れが分かる板書の工夫

❶板書の文字

　正しい筆順で文字を丁寧に書くことが基本である。一番後ろの席の子どもでも読める大きさの字で書くようにする。特に，低学年の子どもたちは，教師の書く文字をノートに視写することから始まる。板書の際に「先生と同じ速さで書いてみよう！」と書く文字を読みながら少しゆっくり板書をして，子どもたちに素早く丁寧に書く練習をさせることもできる。日々の板書は，書写の学習でもある。

❷チョークの色や線の工夫

　板書をする際に使うチョークの色は，基本的に白である。強調したいところに赤や黄色を使うことが多い。青や緑などは読みにくいため，文字を書くときには使わないようにする。教師と子どもたちの間で色の約束を共通理解することも大切である。例えば，「赤を使ったら大事な言葉だから覚える」「黄色を使ったら，ノートに書かなくてもよい」などと使い分けられる。

　また，強調する際にはチョークの色を変える他に，線を引く方法もある。波線や二重線などをうまく使い分けていく。

❸板書の型

　教科によってある程度の型を決めることが大切である。国語であれば，右端に日付と単元名，今日のめあてを書くのが基本的な形である。そして，子どもたちの発言を効果的に示し，子どもたちの考えが板書に表れるようにする。

技❷ 児童の意見や考えを生かした板書の工夫

❶板書の目的・意図・効果

　板書とは，視覚的に授業の流れを整理するためのものである。本時のねらいや何をこの時間に学んだのかという学習内容を書く必要がある。あらかじめ板書計画を立て，授業の途中で一度書いた内容は消さずに，本時の学習が板書を見れば分かるような形にするのが理想である。子どもの考えを板書する際，教師はねらいに沿った内容であるかを判断することが大切である。グループで話し合ったことや，クラス全体で考えたことを板書する際には，子どもの発言全てを書くのではなく，評価をしながら選別して書くようにする。ときには子どもの発言から考えを汲み取り，整理して書くこともある。

❷教具の工夫

　一般的なものに短冊がある。あらかじめ短冊にめあてを書いておけば，子どもがノートを書く際に机間指導することができる。また，小黒板やマグネットシート，画用紙を吹き出しの形に切ったものや挿絵をラミネート加工して使用する等の方法もある。子どもたちの考えを書かせ，板書の中で整理することができる。また，画用紙の色を変えたり形を変えたりすると区別でき，特別な支援が必要な児童にとって分かりやすい板書にしていくことができる。

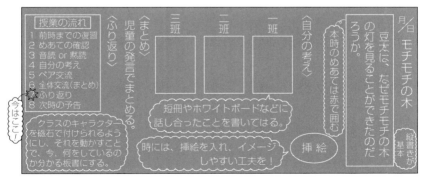

（材木　優佳）

3 教材と学習計画の技

技1 「読むこと」の教材分析と単元の学習計画の工夫

❶教材分析（教材研究）する目的
・教材文の特徴を丁寧に分析し，児童に付けさせたい力を見定める。
・指導者として授業で特に力を入れるところを見定める。

❷教材分析の視点と方法
・以下の視点に沿って文章を繰り返し読むことで，作品の特徴が分かる。
・全文視写する。文学的文章の場合は，文の種類（会話・気持ち・情景・行動・説明）ごとに色分けするなどの方法がある。

説明的な文章	文学的な文章
・形式段落に番号を付ける。 ・中心文や重要語句を見付ける。 ・接続語や指示語を基に，語と語，文と文等の関係をつかむ。 ・文章の構成（論の展開）を把握する。 ・問題提起文と結論，事実と意見を読み分ける。 ・写真や図と叙述を結び付けて読む。	・登場人物や中心人物をつかむ。 ・登場人物の行動や様子が分かる叙述をつかむ。 ・場面の様子（描写）をつかむ。 ・登場人物の気持ちが想像できる叙述や情景描写を見付ける。 ・会話文を分析する（誰の言葉か等）。 ・話の山場や経過をつかむ。

❸教材の特徴と単元計画の立て方（例）
・会話文が多い教材⇒音読を中心とした単元づくり
・文章の組み立てが明解な教材⇒書くことにつなげる単元づくり　など

技❷ 「書くこと」や「話すこと」の題材の開発

・「書くこと」「話すこと」は表現力の育成に欠かせない領域である。いずれも相手に何を伝えたいかを明確にすることが大切である。

	書くこと	話すこと
低学年	・手づくりおもちゃの説明文 ・おすすめの遊びの紹介文	・ともだちできたよ ・１年生に学校を案内しよう
中学年	・わたしたちのまちのＰＲパンフレットづくり ・「ありがとうの会」招待状	・正しいごみの出し方を教えます ・人にやさしいまちにするためにできること
高学年	・12歳の主張（意見文） ・気になる新聞記事を読んで一言コラム	・提言，○○小のリーダーとして ・地域に暮らす名人にインタビューしよう「このまちの自慢」

技❸ 対話を取り入れた単元計画の工夫

❶対話の必然性

対話は，自分と友達の考えとの違いが明らかになったときに効果をもたらす。そのためには，①自分の考えをもつ，②友達の考えを聞いてみたい，③自分の考えや思いを伝えたい，という学習の場を設定し，発表だけで終わることのない意味のある対話を成立させたい。

❷対話の位置付け

どの領域においても，自分の考えが形成されていることが基盤となる。
「読むこと」⇒学習課題に対し，自分の考えを書き表した後で対話タイム
「書くこと」⇒構成段階で，具体的な事例の適否について対話タイム
「書写」⇒学習のめあてに対し，書き上げた文字について対話タイム
対話で情報を共有した後は，必ず個人でもう一度考える時間をとる。

（大中　潤子）

4 深い学びを育てる発問の技

技1　学びを広げ，深める発問の工夫

　教師の発問，"問い"は，子どもたちの思考に大きな影響を与え，授業の流れは大きく左右される。そこで，身に付けさせたい力に向けて，意図的で質の高い発問を"しかけ"ていくことが重要になる。

　質の高い発問とは，「自分で考えてみたい」「友達の考えも聞いてみたい」と，学習意欲を高め，主体的で対話的な学習活動へとつながる発問である。子どもたちの思考を促し，揺さぶり，多様な考えを生み出すことができるような問いかけと言える。子どもたちの実態に応じて，また，学習材の特性を見極め，発問を練り上げることが大切である。

　発問の質と子どもたちの思考の関係について，物語文の読みの学習（第5学年「わらぐつの中の神様」〈光村5〉）を例に考えてみる。

発問A　おみつさんは，うれしい気持ちですか，悲しい気持ちですか。
発問B　おみつさんは，どのような気持ちでしょうか。
発問C　おみつさんの気持ちを，"心情メーター"で表してみましょう。

　発問Aは，「うれしい気持ち」か「悲しい気持ち」かの二択であり，二つの選択肢が起点となるため，思考の広がりや深まりはあまり期待できない。

　発問Bは，「どのような気持ちか」を問うため，発問Aに比べると子どもたちの思考はより促され，様々な考えが生み出される。一方，似たような考えが多くなり，学びの深まりにつながらない場合もある。

　発問Cは，"心情メーター"という思考ツールを活用することで，自分の考えを文章とともに数値で視覚化でき，他者の考えとの微妙な違いに気付くきっかけにもなる。交流場面でも「あの友達の考えを詳しく聞いてみたい」

などと，対話や話し合いへの関心・意欲の高まりが期待できる。
　このように，発問の質によって子どもたちの思考は変化する。より深い学びへとつなげるための発問を吟味・精選し，"しかける"ことが大切である。

技❷　子どもの発言やつぶやきを生かした発問の工夫

　教師の発問によって，子どもたちから様々な発言やつぶやきが生まれる。より深い学びへと誘うためには，子どもたちの"声"を生かしていくことが重要である。特に，考えを広げたり深めたりするための交流の場面では，思考をさらに促すような発問を"しかける"ことが効果的である。教師が交流場面のコーディネーターとなって，必要に応じて問いかけをしていく。

発問A　どうしてそう思ったのですか。
発問B　本文のどの言葉から考えましたか。
発問C　この文と比べてみてどう考えますか。
発問D　この点から考えるとどう思いますか。
発問E　本当にそうだと言い切れますか。

　発問A・Bは，理由や根拠を尋ね，考えを整理・確認させるものである。子どもたちに改めて考えを見つめさせ，思考を促す問いかけと言える。
　発問C・D・Eは，ある事柄と比較したり，視点を転換したりしながら，自分の考えを批判的に捉えるものである。子どもたちの思考を揺さぶる問いかけと言える。
　この他にも，学習材の特性，本時のねらい，身に付けさせたい力に応じ，子どもの思考をさらに促し，揺さぶりをかけるような発問が考えられる。子どもたちの発言やつぶやきに鋭く反応できる力を付けることが大切である。
　一方，注意すべき点もある。「どうしてそう思いますか。どこからそう考えましたか」と，たたみかけるように次々と発問を繰り出すと，子どもの思考を妨げる恐れがある。子どもたちがじっくりと問いに向き合うことができるような環境づくりに努めたい。
　　　　　　　　　　　　　　　　　　　　　　　　　　　　（宮西　真）

5 ICT機器を活用する技

技1 電子教科書や電子黒板を活用した授業の工夫

❶電子教科書の拡大提示

電子教科書では,教材文中の注目させたい文だけを焦点化して拡大することができる。また,挿絵だけを提示し,並べ替えることもできるため,場面の展開を想像したり確かめたりしたいときに効果的である。

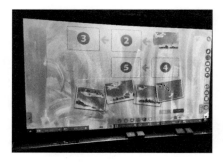

〈1学年「くじらぐも」挿絵の並べ替え〉

❷板書の写真で前の時間を振り返る

板書には,学習活動の指示だけではなく,子どもたちの意見やその授業で大切だったポイントが記される。次の授業のとき,前の時間の板書を見返すと「ポイントは〜だったな」などと具体的に振り返ることができ,「今日やるべきことはここからだ」と子どもたちが自らめあてをもちやすくなる。

技2 ICT機器を活用した交流の進め方

❶テーマに対して意見を書き込み,見合う

討論会など,話し合う単元で,それぞれの立場に分かれて話し合う前に,タブレットやパソコンの意見を交流できる機能を使い,一人一人が意見を書き込む。テーマに対する最初の考えを簡単に見合い,またそれらを分類することによって,討論会で話し合う内容が焦点化されるというよさがある。分類するときは電子黒板を使って子どもたちと確認しながら行うと,「討論会

のポイントはここだな」などと子どもたちも見通しをもちやすくなる。
❷問題やクイズを出し合う

　言葉についての単元などでは，得た知識を生かす場面としてクイズをつくり，出し合う活動が考えられる。そんなとき，意見を交流できる機能などを使ってつくったクイズを書き込んだり，書き込まれたクイズを見て解いたりする活動が有効である。一人一人が自分のペースで取り組むことができる上，たくさんの問題が画面上で自由に見られるため，子どもたちは多くの言葉とじっくり向き合うことができる。

技3　表現力（プレゼンテーション・スピーチ・インタビュー）を伸ばすICT機器の活用

●録画機能を活用する

この部分はもう少し間を空けた方がよさそうだよ。

〈自分たちの表現を振り返る子ども〉

　プレゼンテーションやスピーチも当てはまるが，話すことによって自分たちの思いや考えを伝えるときは，相手の視点に立ち，その表現の仕方で伝わるかどうかを確かめる必要がある。そんなときにもICT機器は有効である。動画を撮影できる機能を使って自分たちの表現を撮影し，それを見返すことで，表情や間の効果，時間など，ICT機器を使わずに練習をしているだけでは気付かなかったポイントが見えてくる。

（鈴木　綾花）

6 国語の学びと特別な教育的支援の技

技1　文章を目で追うことが苦手な児童への支援

❶読みとばしを少なくする
・自分がどこを読むのか分かるよう，読むところを指で押さえながら読む。
・行間を空けるために拡大コピーをする。
・紙でかくしたり，スリットを使ったりして読むところに注目できるようにする。

〈スリットを使う〉　　　　　〈紙でかくす〉

❷文をまとまりで捉える
　文節ごとに線を入れたり，分かち書きをしたりして言葉の区切りを分かりやすくする。慣れてきたら子どもが自分で線を入れてもよい。

技2　書くことが苦手な児童への支援

❶見通しをもたせる
　児童がどのように考えればよいか分かるように，考える項目や手順を示したプリントを，児童の机上に準備する。

❷書く内容をまとめさせる

音声で表現させたり，実際にその場面を演じさせたりしてから書かせる。

音声で表現させるための質問の例

「いつ？」「どこで？」「だれが？」「なにを？」「どうした？」

「どう思った？」「どんな○○？」

「○○したときのこと，やってみてごらん」

技❸ 発表することが苦手な児童への支援

❶話型を示す

・話し方や考えを共有する視点を掲示しておくことで安心感をもって話すことができる。（必要に応じて，手元に置いておくこともよい。）
・話し合いの進め方が分かるように，言葉のキャッチボールの言い方を具体的に掲示しておく。

〈話し方掲示物の例〉

❷児童の表現を支援するツールを工夫する

紙やホワイトボードに書いたものを提示させたり，プレゼンテーションソフトを活用して発表させたりする。多様な手立てを工夫することで自分の考えをもつこと，表すことに自信をもつことができるような配慮をする。

（明吉　紗代）

7 資料提示の技

技1　主体的な学びの見通しをもたせる資料提示の工夫

　子どもが課題に向かって積極的に取り組むために単元の全体計画や1時間の流れを提示する。学習のスタートの時点からゴールの活動が見えていると，子どもは見通しをもち，自ら考え，主体的に学習に取り組むことができる。

〈1時間の学習の流れ〉

〈単元全体の流れ〉

技2　思考力を育てる資料提示の工夫

　話し合い活動で自分の考えを伝え合い，広がりのある学習になっていく。思考力を育てる授業にするために，話し合いの場を多く取り入れるようにしたい。それには，「話すこと，聞くこと」の基礎基本を身に付けることが必要である。教室に「話し方名人・聞き方名人」としてポイントを掲示し，学校全体で共通理解を図って，継続的な指導を行っていくとよい。
　発表の仕方や話し合いの進め方のイメージをつかませるために数名の教師が実際に話し合う姿をモデルとして示していくことも有効である。

また，自分の考えを効果的に伝えるために，いつでも見られる場所にポイントとなる事柄を掲示しておく。

〈話すこと・聞くことの基礎基本〉

〈スピーチを効果的に〉

技3　多様な見方や考え方を育てる指導資料の工夫

　物語文の学習では，教材の見方を広げるために，作者の生き方，考えを知るための資料提示をする。また，学習の導入で作品の背景や世界観が感じられるようなものを用意することでさらに学びを発展させることができる。

　「やまなし」の学習でも，宮沢賢治について知ることが，物語の世界へのイメージを膨らませ，読みを深めることにつながった。

　また，学習と並行して関連した作品にも触れるコーナーをつくるといった図書資料の活用も有効である。

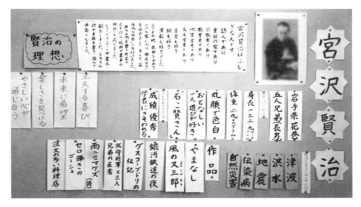

〈宮沢賢治の世界〉

（八重樫　祐子）

第3章 実践編 深い学びを実現する代表教材の授業づくり

【1年　読むこと（文学）／話すこと・聞くこと】
1 おはなしを楽しもう
教材名「たぬきの糸車」（光村1下）

1　単元のねらいと概要

　本単元は，自分のオリジナル紙芝居をつくることを目的としながら，各場面の読みを深めていくことを単元計画の柱としている。オリジナル紙芝居とは，各場面で読み取った登場人物の心情を，子どもが登場人物の言葉として本文に書き加えていくものである。

　自分の紙芝居をよりよいものにしていくためには，それぞれの場面で登場人物の心情を深く考え理解することが不可欠である。本時に当たる最終場面では，「なぜ，おかみさんはたぬきを逃がしたのか」「おどりながら帰っていったたぬきは，何がうれしかったのか」という問いから，両者の心情を考え話し合い，自分の考えを紙芝居の言葉に反映させていく。

育てたい言葉の力
・登場人物の行動を中心に想像を広げ，お話を楽しみながら読む力
・お話を読んで自分の考えや感想を伝え合う力

2　指導目標

・場面の様子や登場人物の行動など，内容の大体を捉えることができる。
　　　　　　　　　　　　　（思考力，判断力，表現力等　C読むこと(1)イ）
・場面の様子に着目して，登場人物の行動を具体的に想像することができる。
　　　　　　　　　　　　　（思考力，判断力，表現力等　C読むこと(1)エ）
・文章を読んで感じたことや分かったことを共有することができる。

(思考力，判断力，表現力等　C読むこと(1)カ)
・語のまとまりや言葉の響きなどに気を付けて音読することができる。
(知識及び技能　(1)ク)

3　主な評価規準

・叙述を基に読み取った登場人物の気持ちについて友達と考えや感想を伝え合っている。　　　　　　　　　　　　　　(主体的に学習に取り組む態度)
・登場人物の気持ちを考えながら，音読をしようとしている。
(知識及び技能)
・場面の様子について，登場人物の行動や会話を中心に想像を広げながら読んでいる。　　　　　　　　　　　　　　(思考力，判断力，表現力等)

4　単元の指導計画

次	時	学　習　活　動
1	1	○登場人物の気持ちを考えながら紙芝居をつくり，幼稚園や保育園の園児に発表することを知らせる。 ○第1場面の読みを深める。
2	2・3・4	○第2・3場面の読みを深める。 ・「いたずらもんだが，かわいいな。」に続く言葉を考える。 ・わなにかかってしまったときの「たぬきの気持ち」を考える。 ・たぬきを逃がしてやった「おかみさんの気持ち」を考える。 ・逃がしてもらったときの「たぬきの気持ち」を考える。 ○第1，第2，第3場面までの紙芝居をつくる。

| 3 | 5・6・7・8 | ○第4・5場面の読みを深める。
・「はあて，ふしぎな。どうしたこっちゃ。」に続く言葉を考える。
・糸車をまわしているときの「たぬきの気持ち」を考える。
・たぬきを見つめていたときの「おかみさんの気持ち」を考える。
・ぴょんぴょこおどりながらかえっていく「たぬきの気持ち」を考える。　　　　　　　　　　　　　　　　　　（本時）
○第4，第5場面の紙芝居をつくり，発表練習をする。 |

5　本時の流れ（第8時）

❶本時の目標
・おかみさんに見つかって，山に帰って行くたぬきの気持ちを想像して読むことができる。

❷本時の流れ

時	学習活動	指導上の留意点及び学びの工夫・評価
5分	1．前時の学習を振り返る。第4場面までのおかみさんの気持ちの変化を振り返る。 2．本時のめあてを確認し，第5場面を一斉読みする。	・前時の学習を振り返ることで，本時の場面と前時までの内容を関連付けて読み取ることができるようにする。
	ぴょんぴょこおどりながらかえっていくたぬきのことばをかんがえよう。	
5分	3．「うれしくてたまらない」という記述に着目させ，何が	・「ぴょこんと」「とび下りた」「うれしくてたまらない」「ぴょんぴ

48

時間	学習活動	指導上の留意点・評価
8分	うれしかったのかを考える。	ょこおどりながら」という記述に合わせてたぬきの様子を動作化させて気持ちを想像させる。
12分	4．たぬきの言葉を考える。 　個の読み ・ワークシートに自分の考えを書く。 　　　↓	・たぬきがうれしかった理由を基に，言葉を考えられるようにする。
10分	グループ交流 ・3人の班で意見交流をする。 　　　↓ 　全体交流 ・多様な考えを出し合い，自分の考えをまとめる。 　　　↓ 　個の読みを深める ・交流した友達の考えを受けて，紙芝居に付け加えるたぬきの言葉を再度考える。	・自分の考えと同じか違うかを相手に伝えられるようにする。 ・全体交流では，それぞれの考えの根拠を確認し，よりよい考えに高めていく。 ・考えを発表し合い，友達の考えのよさに気付く。 　　　【主体的に取り組む態度】 　　　　（発言，ワークシート） ・叙述に沿って読み取り，帰っていくたぬきの気持ちを考えている。 　　　【思考力，判断力，表現力等】 　　　　　　　　　　　　　（発言）
5分	5．自分でつくった紙芝居を気持ちを込めて音読する。	・自分の考えたたぬきの言葉を付け加えたものを，気持ちを込めて音読する。 ・気持ちを込めて音読することができたか。　　【技能】（観察）

6　主体的・対話的で深い学びを生み出す授業改善のポイント

❶主体的な学びを生み出す工夫
○単元全体の見通しを示す

　本単元では紙芝居をつくるという学習活動を設定した。読み取った場面の様子や登場人物の気持ちを、紙芝居の言葉に生かすという見通しをもたせることで、何のために登場人物の心情を考える学習をするのかという目的をもち、学習意欲を高められるようにした。

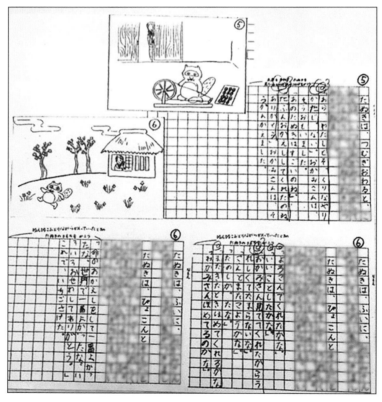

〈児童の作品〉

○作品の世界観を感じられる学習環境づくり

　主体的に子どもが読みを深めていくためには，その作品の世界に子どもが浸ることができるような学習環境づくりが必要である。

　本作品は昔話であり，子どもにとってなじみのない言葉が数多く出てくる。糸車，破れ障子などの実物や写真などを提示し，語彙を視覚的に説明することで，より登場人物の気持ちに近づけるようにした。また，動作化を取り入れることにより，作品の世界を子どもが楽しめるようにした。

〈物語の世界を視覚的に見せる〉

〈たぬきの気持ちで糸車を回す〉

❷対話的な学びを生み出す工夫
○「もっと聞き方名人」

　自分の考えを見直したり広げたりするために，3人グループでの話し合いを行う。友達の考えを自分の考えと同じか違うかという視点をもって聞き，自分の考えと異なる意見も「なるほど」と受け止め，「どうしてそう思ったのか」と深められるポイントを示した。

〈もっと聞き方名人〉

〈3人グループの話し合いの様子〉

○小グループの話し合い活動を生かした全体交流

　グループでの話し合いをした後の全体交流では，多様な考えを整理し，その考えの根拠を出し合いながら，よりよい考えにまとめていく話し合いを目指す。正しい読みにつながるキーワードを明確にさせながら，意図的に話し合いを進めていく。

【全体交流の様子】

T　ぴょんぴょこおどりながらかえっていくたぬきの言葉を発表しよう。
C　「ぼくが糸車をやったのをおかみさんは気が付いてくれるかな。」
T　おかみさんは気が付いていないのかな。
C　気が付いているよ。
C　「おかみさんは，よろこんでくれたかな。」
T　何のことを，そう思ったのですか。
C　糸車を回したこと。
C　「よかったな。おかえしができて。おかみさんはきっとよろこんでくれたよ。」
T　何のおかえしということですか。
C　わなにひっかかったときににがしてもらったおかえし。
C　命をたすけてもらったおかえし。
C　糸車の回し方をみせてもらったおかえし。
T　たぬきはそんな気持ちで糸車を回していたのですね。

---

❸深い学びを生み出す工夫
○学習の過程を振り返る教室掲示

　前時までの学習で，話し合い活動でまとめられた子どもの考えを，場面ごとに教室に掲示しておく。各場面での学習の前に，振り返りの場をつくり，登場人物の心情が

〈前の場面を振り返る掲示〉

変化してきたことを確認する。

　本時の学習での「おかえしの気持ち」は、前時の学習で考えた「糸車を回しているときのたぬきの気持ち」を振り返ることで深めることができた。

7　主体的・対話的で深い学びを生み出す評価

○ワークシートの工夫

　話し合い活動を活発に行うためには、自分の考えを明確にもつことが大切である。ワークシートの表面では、登場人物の気持ちを吹き出しの形で記述してグループ交流を行った。全体交流を受けて、紙芝居に書き加えたい言葉は、新たにワークシートの裏面に記述するようにした。

　授業を通して、はじめの考えからどのように考えが変化したり、深まったりしたのかを子ども自身が見直すことができ、教師も見取れるようにした。

〈自分の考えを記述するワークシート〉

○学びを確かめる音読

　授業のまとめでは、言葉を付け加えた自分の紙芝居を音読する。友達の考えを聞いて深まった自分の考えを工夫しながら音読することで、登場人物の気持ちを再確認できる。物語の楽しさを伝えられるような音読の仕方を工夫できるようにさらに意欲を高めていく。

〈それぞれの紙芝居を音読〉

（佐々木　千穂）

【1年　読むこと（説明文）】
2 ちがいをかんがえてよもう
教材名「どうぶつの赤ちゃん」（光村1下）

1　単元のねらいと概要

　本単元では，目的をもって主体的に教材文に向かい，観点にそって大事な言葉や文を選び出し，さらに，それらを比べて読む力を育てていく。

育てたい言葉の力
・問いに対して答えとなる言葉を見付ける力
・対比的に書かれている言葉に着目して違いを比べる力

2　指導目標

・文の中における主語と述語の関係に気付くことができる。
　　　　　　　　　　　　　　　　　　　　　　（知識及び技能　(1)カ）
・動物を比べるために必要な語や文を，考えて選び出すことができる。
　　　　　　　　　　　（思考力，判断力，表現力等　C読むこと(1)ウ）
・動物の赤ちゃんについて説明されている文章や図鑑を読み，進んで調べようとしている。　　　　　　　　　　　　（学びに向かう力，人間性等）

3　主な評価規準

・主語と述語の関係に注意し，ライオンとしまうまの様子を読み取っている。
　　　　　　　　　　　　　　　　　　　　　　　　　（知識及び技能）
・ライオンとしまうまの違いを比べるために必要な語や文を文中から見付け，選び出すことができる。　　　　　（思考力，判断力，表現力等）

・目的をもって，進んで文章や本，図鑑を読み，調べることができる。

（主体的に学習に取り組む態度）

4 単元の指導計画

次	時	学習活動
1	1	・動物の赤ちゃんの画像または映像を見る。 ・○×クイズをする。 ・学習課題をもつ。 　ちょうさたいになって，どうぶつの赤ちゃんのことをしらべ，はっぴょうしよう。
2	2	・「どうぶつの赤ちゃん」を読んで大体の内容をつかむ。 ・問いの文を確かめる。 ・ライオンかしまうまか調べる動物を決める。
	3 4	・教材文を読みながら，問いの答えとなる言葉や文を選び出し，メモをしていく。 ・同じ動物の赤ちゃんを選んだ友達と交流して，読み取ったことを確かめる。
	5 6	・調べたことを，表に整理する。 ・表を見ながら，ライオンの赤ちゃんとしまうまの赤ちゃんの似ているところと違うところを比べる。 ・気付いたことを発表する。　　　　　　　　　　　（本時）
3	7	・自分が選んだ動物の赤ちゃんについて調べ，メモをとる。
	8	・調べたことを表に整理する。
	9	・それぞれ調べたことを発表し，動物の赤ちゃんによる違いを比べる。
	10	・「ちょうさたい」の活動として，学習を振り返る。

5　本時の流れ（第6時）

❶本時の目標
・ライオンとしまうまの赤ちゃんの生まれたばかりの様子や，大きくなっていく様子を発表し，同じところや違うところについて考える。

❷前時の学習……調べたことを表にまとめる

学習活動	指導上の留意点
調べたメモを見ながら発表する。 ①ライオンの赤ちゃん ②しまうまの赤ちゃん	・比較しやすい表を用意する。 ・観点別に整理をしながら，ポイントとなる言葉や，短い文で全体の表にまとめていく。

大きくなっていくようす			生まれたばかりのようす			どうぶつ
えさ	おちち	あるく	おかあさんと	耳	目	大きさ

観点
①生まれたばかりの様子
　・大きさ
　・目・耳
　・その他
②大きくなっていく様子
　・立ったり歩いたりする様子
　・乳を飲む期間
　・えさをとる時期

〈学びの工夫〉
表に再構成することで，思考が整理される。

❸本時の流れ

時	学習活動	指導上の留意点及び学びの工夫・評価
3分	1．音読をする。	・自分が選んだ動物のところを音読し，調べたことを思い起こさせる。
	〈学びの工夫〉音読する場所を選ぶことで，主体性が生まれる。	
2分	2．今日のめあてを確かめる。	

時間	学習活動	指導上の留意点
20分	ライオンの赤ちゃんとしまうまの赤ちゃんのおなじところとちがうところを見つけよう。	
	3．表を見ながら、ライオンとしまうまの赤ちゃんの同じところや違うところを考える。 ①見付けたことを、ノートに書く。 ②全体で交流する。 ・同じところ ・違うところ 〈話型の例〉 「わたしは、○が同じだ（違う）と思います。ライオンは○○で、しまうまは（も）、○○です。」	〈学びの工夫〉 対話的な学びのための準備として、自分の考えをもつ時間を設ける。 ・発表するときの話型の例を示し、発言をしやすくする。 〈学びの工夫〉 話型の例を示すことで、話し合うことがずれないようにする。また、発表の仕方を学ぶことは、対話的な学びの基礎となる。
15分	③理由について考える。 〈学びの工夫〉 自分の知識と結び付けて、「もし、○○だったら」「だって、○○だったら」「○○だから」と考えを深めたり、友達の考えを聞いて、さらに理解を深めたりする。	・「ライオンはどうぶつの王さまといわれます。けれども、」の文や「もうやぎぐらいの大きさが」、「だから、つよいどうぶつにおそわれても」「たった七日ぐらいの」などの文や言葉から発問する。 〈学びの工夫〉 常に、教科書に書かれている言葉や文に立ち戻る。
5分	4．今日の学習を振り返る。	・分かったことや、参考になった意見をノートに書くよう促す。 ・ライオンとしまうまの赤ちゃんを比べて読み、類似点や相違点を見付けている。　　　　　　　　（発言、ノート）

6 主体的・対話的で深い学びを生み出す授業改善のポイント

❶主体的な学びを生み出す工夫
○導入の工夫
> ポイント　動物の赤ちゃんへの興味，関心を高めるために，画像や映像を見せたり，クイズを行ったりする。

（例）

```
○×クイズ
Q　チンパンジーの赤ちゃんは，生まれたときから，歯がはえている。
A　×
　　3か月ほどで歯がはえ，果物などを食べはじめる。
```

```
○×クイズ
Q　生まれたばかりのりすの赤ちゃんは，毛がはえていない。
A　○
　　3週間くらいたって，少しずつはえてくる。
```

○「どうぶつちょうさたい」になる
> ポイント　1年生の子どもは，なりきるのが大好き。いろいろ調べたいと意欲を持続させる。

○「ちょうさたいメモ（ワークシート）」の工夫
> ポイント　課題解決に向けて自力で教材文を読んでいくための手引きとする。

〈表紙〉

〈1ページ〉

〈2ページ〉

〈3ページ〉

〈4ページ〉

〈5ページ〉

6ページに,他に知っていることや調べたことを書き込めるフリースペースを設けた。

❷対話的な学びを生み出す工夫
〇自分の考えを言いたくなる交流を

本時:ライオンとしまうまの赤ちゃんの違いを発表した後の交流

> ポイント　ただの発表会で終わらせない。発問を工夫して,さらに考えを深め,クラスのみんなで共有する時間をもつ。

〈ゆさぶり発問1〉

T　しまうまの赤ちゃんは,生まれて30分も経たないうちに立って,次の日には走るということが分かりました。だけど,ライオンや人間の赤ちゃんは,すぐには立てないし歩けないですよね。しまうまも,すぐに立てなくてもいいと思いませんか。

C　しまうまも,ゆっくり立てるようになればいいと思います。

C　ええ,すぐに立てないと大変だよ！

T　さあ,みんなはどちらだと思いますか。
　　すぐに立てなくてもいいと思う人。

C　はい。

T　すぐに立てなくてはいけないと思う人。

C　はい。

T　もし,しまうまの赤ちゃんがすぐに立ったり,走ったりできなかったら

どうなるのでしょう。隣の人と話し合ってみましょう。
C　もし，しまうまの赤ちゃんがすぐに立てなかったら，ライオンとかに食べられてしまうよ。そういうテレビを見たことがあるよ。
C　ぼくも，見たことがある。きりんも食べられていたよ。
C　強い動物の，えさになっちゃうんだね。
C　そうか。だから，すぐに立って，走って逃げないといけないのね。
T　教科書をもう一度，読んでみましょう。「だから，つよいどうぶつにおそわれても……」と書いてありますね。

〈ゆさぶり発問2〉
T　しまうまの赤ちゃんがお乳を飲んでいるのは，「たったの七日ぐらいのあいだです。」と書いてありますね。その後，自分で草も食べるのですよ。ライオンは2か月くらいお乳だけ飲んでいて，えものをとるのは，1年後。人間の赤ちゃんも離乳食を食べるのは，5，6か月経ってからです。ライオンも人間も，お乳を飲む期間が長くて平気ですか。
C　平気です。ライオンのお父さんやお母さんは強いからえものをとれるし，おそわれそうになってもやっつけてくれる。赤ちゃんは，まだ自分でえものをとれないよ。
C　人間も平気です。おそわれることはないから，ゆっくりお乳を飲んでいられます。
T　なぜ，ライオンとしまうまの赤ちゃんの様子が違うのか，理由が分かってきましたね。さすが，調査隊！

〇調べたい動物ごとにグルーピングし，調べて分かったことをシェア
　　ポイント　同じ動物を選んだ人同士で交流する時間をとり，自分が調べたことに追加して，書き込んでいく。

> カンガルーの赤ちゃんは、こんなに小さく生まれるんだね。まだ、目も開いていないよ。

> でも、お母さんの袋の中で育つから、安全だね。お乳も袋の中で飲むんだって。

❸深い学びを生み出す工夫
○学んだことを生かして、課題を解決

> ポイント　調べたことを表に整理し、発表し合う。そこから、類似点や共通点を見付け出す力を付ける。

7　主体的・対話的で深い学びを生み出す振り返り

○振り返りの時間を大切に

> ポイント　①今日の授業で分かったこと、②友達から学んだこと、③次に勉強したいことなどについて振り返り、自覚させる。

ぞうもしまうまの赤ちゃんとおなじように、すぐにたつとわかりました。それは、すぐにたてないと、てきからにげられないからです。
にんげんは、おかあさんやおとうさんにまもられているから、あんぜんだとおもいました。

（松井　優子）

【2年　読むこと（文学）】
3 がまくんとかえるくんのお話を読んで，すきなところをしょうかいしよう
教材名「お手紙」（三省堂2下）

1　単元のねらいと概要

　この単元の教材文「お手紙」は，アーノルド＝ローベル作の「ふたりはともだち」に収録されており，「がまくん」と「かえるくん」の二人を描いた作品はこの他に3冊（計20話）のシリーズ物となっており，本教材を読んだ後，他の作品も楽しもうとするのに非常に適している作品である。そこで，本単元では「しょうかいカード」を書くという目的をもって作品を読み進め，読書活動へつなげ，主体的な読み手を育てることをねらいとする。

育てたい言葉の力
- シリーズ物の読書を通して，日常的に読書に親しもうとする力
- 物語の内容と自分の体験とを結び付けて，感想をもつ力

2　指導目標

- シリーズ物の物語を読み，シリーズに共通する登場人物の行動を場面の様子に着目して，具体的に想像することができる。
（思考力，判断力，表現力等　C読むこと(1)エ）
- 物語の好きなところと自分の体験とを結び付けて紹介することができる。
（思考力，判断力，表現力等　C読むこと(1)オ）

3　主な評価規準

- 登場人物の行動を場面の様子に着目して，想像を広げながら読んでいる。

（思考力，判断力，表現力等　C読むこと(1)エ）
・文章の内容と自分の体験とを結び付けて，自分の好きなところを見付けながら読んでいる。　　　（思考力，判断力，表現力等　C読むこと(1)オ）

4　単元の指導計画

次	時	学 習 活 動
1	1	・シリーズ作品の読み聞かせを聞き，その物語の「しょうかいカード」を読むことを通して，単元の見通しをもち，学習計画を立てる。
2	2	・「お手紙」の挿絵と本文を結び付けながら，登場人物・行動・会話などの内容の大体を捉える。
	3	・「かなしい気分で，げんかんの前にこしをおろし」た二人の気持ちを想像して話し合う。
	4	・かたつむりくんを待つ二人の気持ちを想像して話し合う。
	5	・「とてもしあわせな気もちで，そこにすわって」待つ二人の気持ちを想像して話し合う。
	6	・「紹介カード」で紹介するために，「お手紙」の中で，自分の好きなところを見付けながら読み，感想とその理由をノートに書く。　　　　　　　　　　　　　　　　　　　　　　（本時）
3	7	・「お手紙」の中で，好きなところを紹介カードに書いて紹介し合う。
	8	・「がまくんとかえるくん」シリーズを読み，好きなお話を選ぶ。
	9	・選んだお話の登場人物・行動・会話を捉え，出来事のつながりを「紹介カード」に書く。
	10	・選んだお話の好きなところとそのわけを「しょうかいカード」に書き，作品を読み返しながら紹介の準備をする。
	11	・選んだお話の「しょうかいカード」を友達と紹介し合う。 ・友達が紹介した作品を読み，学習全体を振り返って，シリーズ読書の面白さを発表し合う。

5　本時の流れ（第6時）

❶本時の目標
・全文の中で，自分が好きになったところとその理由を書くことができる。

❷本時の流れ

時	学習活動	指導上の留意点及び学びの工夫・評価
5分	1．学習計画を確認し，本時のめあてを知る。	・掲示した学習計画を見て，全体の中の本時の計画を確認させる。
	「お手紙」の好きなところを見つけてはっぴょうしよう。	
5分	2．「紹介カード」をつくるために，全文を読み返し，物語の中で好きなところとその理由をノートに書く。 ・全文を音読する。 ・好きなところを書き抜く。㋵ ・好きな理由を考えて書く。㋒ ・（終わったら）自分の経験などを思い出し，思ったことを書く。㋔	・学習の手順を掲示して進めやすくする。お話を読んで，自分の好きなところを本文の中から見付ける。 ①教科書にシールを貼る。 ②ノートに好きなところを書く。 ③好きな理由を書く。 ④自分の経験と結び付けて思ったことを書く。 ・書き出しを提示し，思い出した経験を書きやすくする。 （わたしも前に〜） （わたしはがまくんとちがって〜） （わたしだったら〜） ・想像を広げながら読み，自分が好きになったところとその理由をノートにまとめている。　　　　　　　（ノート）

10分	3. 書いたものを隣同士で発表し合う。	・発表の仕方のモデルを提示し、活動に取り組みやすくする。 A「お話をします。」 B「はい。」 　（終わったら拍手） A「どうですか。」 B　聞いた感想を一言言う。
10分	4. 黒板の全文シートの自分の好きなところにシールを貼り、ペアをつくって発表し合う。	・全文シートに子どもが好きになった場面にシールを2列に貼らせ、ペアをつくる。 ・同じ場面を選んだ者同士で隣の席に座って、発表し合う。
10分	5. クラス全体で共有する。	・自分の生活経験や、シリーズ本の読書の経験に結び付いたものを書いている子どもを抽出して発表させる。 ・同じ場面を選んでも、いろいろな理由があることに気付かせる。
5分	6. 本時の学習を振り返り、次時の学習の見通しをもつ。	・本時のめあてに沿った振り返りをシートに書き、発表させる。 ・次の時間に「しょうかいカード」実際に書いて紹介することを伝える。

低学年の授業づくり

中学年の授業づくり

高学年の授業づくり

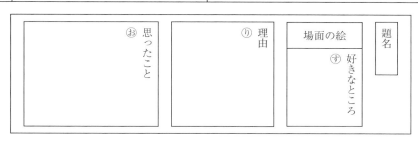

〈「しょうかいカード」の構成〉

第3章　実践編　深い学びを実現する代表教材の授業づくり

6　主体的・対話的で深い学びを生み出す授業改善のポイント

❶主体的な学びを生み出す工夫
○学習課題の工夫
　子どもにとって，物語のシリーズ物を読む楽しさは，どんなところにあるだろうか。本単元では，その楽しさを「同じ登場人物が出てくることで，その性格を理解しながら，いろいろなお話を楽しむことができること」「いくつかのお話の中で，作者の意図によって，他の作品が伏線となっていたり，内容に関連があったりすることを見付けられること」と捉えた。その視点で考えると，このシリーズは，作者のアーノルド＝ローベルによって巧みに描かれた挿絵やお話を通して，前述した楽しさを十分に味わうことができるだろう。単元のはじめの段階から，少なくとも子どもの人数分は学習材となる本を教室に準備しておくことが望ましい。教師が意図的に設定した学習環境において，子どもがシリーズ物の読書に親しむことで，主体的な読書活動へとつなぐことができるだろう。

かえるくんの不思議な上着はこのお話とつながっていたんだなぁ。

○単元の見通しをもち，主体的な学習を促す工夫
　単元の１次には，以下の項目を子どもに提示し，「面白そうだな」「やってみたいなぁ」とワクワクさせることが主体的な学習を促すポイントである。

伝えること	具体的な支援
どんなことをするのか	単元のゴールの活動の見本「しょうかいカード」の提示
やってどうなるのか	身に付けたい力の提示
どうやって学習していくのか	大まかな学習計画の提示

学習計画やゴールの活動を毎時間確認することで、（子どもによっては、安心して）自分たちの学習を確認しながら、学習を進めることができる。

❷対話的な学びを生み出す工夫
○ペアで思いの共有
　自分の考えを伝え合い、「深い学び」へとつなげるために、子ども同士の共有の活動を一人一人に確実に行わせたい。子どもの発達段階から、「自分の好きなところの紹介」はペアで行うことが適切と考える。話型を掲示し、教師がお手本として実際に行って示すことで、子どもは安心して活動することができる。書いたもの（ノートやカード）を隣の子どもに見せながら説明することで、子どもは目からも耳からも情報を捉え、思いを共有しやすくなる。

　一人一人の思いを共感し合ったり、認め合ったりするために、発表する相手は工夫して編成することが望ましい。本単元では、生活班の隣同士の発表を行った後、同じ好きなところを選んだ子どもとペアになるよう組み直している。教師の意図的な組み合わせによって、同じところを選んでいても、いろいろな思いがあるということに気付かせることができる。

〈ノートを見せながら話す子どもの様子〉

〈発表の例〉（同じところを選んだ場合）
A　お話をします。（Bはい。）ぼくの好きなところは「四日たって、かたつむりくんが、がまくんの家につきました。」のところです。
　理由は、せっかくかえるくんががまくんを喜ばせようとしてお手紙を書いたのに、着くのがすごく遅くて、面白かったからです。
　ぼくだったら、かたつむりくんには頼まないと思います。だって、本物のかたつむりを見て、すっごく動くのが遅いと分かっているからです。
B　（拍手をする。）お話をします。ぼくも同じところが好きです。理由は、2人はかたつむりくんが手紙を運んでいる4日間ずっとワクワクしながら楽しみに待ってたと思うからです。ぼくもプレゼントを待つのが好きです。

❸深い学びを生み出す工夫

○活用させて力を身に付けさせる学習過程

　単元を通して，子どもに身に付けさせたい力を身に付けられるように，学習中に教師の指導と子どもの活用する活動を織り交ぜながら学習を組み立てていく。本単元では，「お手紙」の教科書教材を使って身に付けた力を基に，自分で選んだお話の「しょうかいカード」をつくるという活動を行う。これは，教師の支援や友達との意見の共有によって「お手紙」のしょうかいカードをつくり上げた力が子ども個人の力として身に付いているか確認（評価）したり，身に付いた力をさらに確実なものに深めたりするために設定している。

1次　つかむ	2次　身に付ける	3次　深める
児 活動に興味をもつ	児 物語を読む 　カードの書き方を学ぶ	児 選んだ本で 　紹介カードを書く
教 課題をつかませる	教 身に付けさせたい 　読みの力を指導する	教 紹介カードを確認し， 　力が付いたか評価する

○経験や体験と結び付けた読みの工夫

　自分の既有知識や読書体験・生活経験などと文章の内容を結び付けながら文章を読むことは，想像を広げたり，理解を深めたりする上でとても重要である。

　本単元では，紹介の内容を工夫し，「自分も…」「自分と違って…」「自分だったら…」などの書き出しを提示することで，自分の「思ったこと」を理由に付け加えるようにした。（前述　　部参照）

> 前に習ったことと似ているなぁ。（学習経験）
> 前に読んだお話とつながっているなぁ。（読書体験）
> 前に自分でもしたことがあるぞ。そのときは…（生活経験）

7　主体的・対話的で深い学びを生み出す振り返りと評価

❶振り返りによる「自己の学びの明確化」

　子どもが本時の学習のめあてを明確にもち，各時間「何ができるようになったか」を「振り返りシート」に記入する。低学年のうちから，学習計画に沿って振り返り，そのサイクルを習慣付けできるようにさせていきたい。本単元では，前半が教材の読み取り，後半が作品の交流をすることで自己の考えをもち，いろいろな考えを友達ももっていることに気付くことが中心となっている。各時間の学びのポイントを教師の側が明確にもつことで，「振り返りシート」を確認したときの支援も入れやすい。子どもの学びを確実なものにするためにも，めあてに基づいて「振り返りシート」に支援を入れていきたい。

支援　→　学びの明確化　　振り返り　　単元のめあて

❷評価の工夫

　１単位時間で設定した評価を子どもの成長に生かすために，具体的な支援と結び付けて行うことが形成的評価の考え方であるが，学級での学びのよさを生かしたい。本単元の「紹介カード」の最後には「自分の経験と結び付けた思い」を書くことになっているが，本の内容と「自分の経験と結び付け」て，自分の考えをアウトプットすることが子どもにとって難しい。そこで，読み取りの段階で，「自分の経験と結び付けた」読み方をしている子どもを抽出し，全体共有でお手本として提示する。本時の学習で学んだ読みの力は，第８時で「自分の選んだ本の紹介カードを書く」時間において活用され，評価する。支援が必要な場合は，本時（第６時）の学習カードの記述例を振り返ることで，支援をしていく。単元で身に付けさせたい読みの力は，繰り返し活用させることで確実に身に付けられるよう評価，支援を工夫していきたい。

（大熊　啓史）

【2年　読むこと（説明文）】
4 生きものなるほどはっぴょう会をひらこう！
教材名「たんぽぽのちえ」（光村2上）

1　単元のねらいと概要

　時間や様子を表す語句や非連続型テキストを活用しながら文章を読むことを学んだ上で，身近な生き物について調べ，発表会を開いて友達と紹介し合う単元である。「生きものなるほど発表会」を開くことで，学ぶ意欲を高めつつ，言葉の力の向上を図ることができる。

育てたい言葉の力
・非連続型テキスト（写真や図など）や生活経験とつなげて文章を読む力
・自分の課題に沿って資料から必要な情報を選ぶ力

2　指導目標

・時間や様子を表す語句の量を増やし，話や文章の中で使うとともに，言葉には意味による語句のまとまりがあることに気付き，語彙を豊かにすることができる。　　　　　　　　　　　　　　　　　（知識及び技能　(1)オ）
・時間的な順序や事柄の順序などに気付き，たんぽぽの変化する様子を読み取ることができる。　　　（思考力，判断力，表現力等　C読むこと(1)ア）
・調べたい生き物について進んで必要な情報を見付け，友達の発表に興味をもって聞いたりすることができる。　　　　　（学びに向かう力，人間性等）

3　主な評価規準

・言葉には，時間や様子を表す語句など，意味による語句のまとまりがある

ことに気付いて話したり書いたりしている。　　　　（知識及び技能(1)オ）
・順序を表す言葉や非連続型テキストに着目しながら，たんぽぽの様子を読み取っている。　　　　　（思考力，判断力，表現力等　C読むこと(1)ア）
・調べたい生き物について，進んで情報を見付けようとしたり，友達の発表に興味をもって聞こうとしたりしている。　　　　（主体的に取り組む態度）

4　単元の指導計画

次	時	学 習 活 動
0		・生活科の春探しや休み時間などを活用してたんぽぽを探し，観察する。
1	1	・身近な生き物について知っていることを紹介する。 ・たんぽぽクイズをする。 ・学習課題をもつ。 生きものなるほどはっぴょう会をひらこう！
2	2	・「たんぽぽのちえ」を読んで，大体の内容をつかむ。 ・たんぽぽが成長する順番に絵を並び替え，時間や順序を表す言葉について考える。
	3〜6	・時間の経過とたんぽぽの様子の変化を読み取る。 ・非連続型テキストから分かったことを本文に書き加える。 ・読み取ったことを基に，たんぽぽの知恵に名前を付ける。　　（本時）
3	7	・自分にとって身近な生き物は何か，その生き物について疑問に思っていること，もっと知りたいことは何か考える。
	8・9	・学校図書館を活用し，生き物について調べる。
	10	・調べたことを基に，初めて知ったことや「なるほど！」と感じたことをまとめる。
	11・12	・授業参観などを活用して「生きものなるほどはっぴょう会」を開き，感想を共有する。
課外		・教室に「生きものなるほどコーナー」をつくり，調べたことを互いに自由に手に取り交流することができるようにする。

第3章　実践編　深い学びを実現する代表教材の授業づくり

5　本時の流れ（第5時）

❶本時の目標
・生活経験や動画などから分かったことを本文に付け足しながら，白い綿毛ができる頃のたんぽぽの知恵を読み取ることができる。

❷本時の流れ

時	学習活動	指導上の留意点及び学びの工夫・評価
2分	1．音読をする。 （p.27L 5～p.28L 4）	・前時までの学習を想起しながら，音読をする。 〈学びの工夫①〉 「時間」「様子」「わけ」をキーワードに自分なりの速さで読むことで，主体性が生まれる。
3分	2．「このころ」はいつか考える。	・「このころ」とは，「花がすっかり枯れ，白い綿毛ができる頃」であると理解している。　　　　　　（発言，書き込み）
2分	3．本時のめあてを確かめる。	
	白いわた毛ができるころのたんぽぽのちえをよみとろう。	
18分	4．たんぽぽの「様子」を読み取り，発表する。 ①生活経験と本文をつなげて読む。	〈学びの工夫②〉 普段目にするたんぽぽの綿毛と比べることで，主体性が生まれる。
	「様子」 ・花のじくが，またおき上がります。 ・せのびをするように，ぐんぐんのびていきます。	

	②動画と本文をつなげて読む。 〈学びの工夫③〉 動画と本文を比べることで言葉の理解が深まり、読みが深まる。	・花のじくは、「どのように」起き上がるのか、「ぐんぐん」とはどの程度の勢いなのかなど、動画から分かったことを補いながら読み取る。 ・生活経験や動画から分かったことなどを本文に補い、書き足すよう促す。
15分	5．花の軸が起き上がる「わけ」を考え、話し合う。 ①ワークシートに自分の考えを書く。 ②少人数で交流する。 ・たんぽぽ、びっくりするくらいぐんぐんのびていたね！ ・たんぽぽのわた毛には、たねがついているんだよね。 ・たねをたくさんとばすと、なかまがふえるよ。 ・あんなにせがたかくなるのは、どうしてだろう。 ・せのびしたほうが風がたくさん当たって、とおくまでとんでなかまをふやせるからかな。 ③全体で交流する。	〈学びの工夫④〉 「もしも花の軸が起き上がらなかったらたんぽぽはどうなってしまうのか」などと問うことで、対話的な学びが活性化する。（6-❷参照） 〈学びの工夫⑤〉 種をたくさん飛ばす理由をさらに考えさせることで、深い学びが生まれる。（6-❷参照） ・生活経験や動画などから分かったことを付け足しながら、たんぽぽの軸が起き上がり、ぐんぐん伸びていくのは種を遠くまで飛ばし、仲間を増やすためであることを読み取っている。 　　　　　　　（発言、ワークシート）
5分	6．本時の振り返りを書く。	

6　主体的・対話的で深い学びを生み出す授業改善のポイント

❶主体的な学びを生み出す工夫
○導入の工夫

　ポイント　他教科や日常生活との関連を図る。

　（例）生活科で春探しをしてたんぽぽを見付けたり，休み時間，子どもたちとたんぽぽや昆虫などの不思議について話したりする。

〈春探しへ！　生き物に興味津々〉

〈コンクリートの割れ目にたんぽぽ発見！〉

生き物についてもっと知りたい！
詳しく調べてみたいなあ！

○単元構成の工夫

　ポイント　単元のゴールを意識させ，学ぶ必然性と意欲をもたせる。
　学習計画表を常に目に入る場所に掲示する。

↓

　単元のゴール「生きものなるほどはっぴょう会」に向けて毎時の学習があることを意識できる。

> 授業参観の際に発表会を行うなど家庭との連携を図ることで，学ぶ必然性と意欲，成就感や満足感をもたせることができる。

○読みを深める工夫

　ポイント　非連続型テキスト（写真や図など）を活用する。

　言葉や内容の理解を深めるために，非連続型テキストの活用が有効。
　（例）「しぼむ」と「すぼむ」の違いを風船で説明する。
　　　　「ぐったり」を身体で表現する。
　　　　動画から「ぐんぐん」が表す様子について考える。

❷対話的な学びを生み出す工夫
○話題提示の工夫

　ポイント　逆説的な話題提示により，対話の活性化を図る。

「花の軸が起き上がり，ぐんぐん伸びるわけを考えよう」と話題提示。

「もしも花の軸が起き上がらなかったら，たんぽぽはそのまま枯れてしまうのかな」などと逆説的に提示。

「そんなはずはない！」
と話し合いが活性化。

ポイント
①人数に注意！
　自分も話し合いの当事者という意識をもたせるには，3〜4人が望ましい。
②「理由」を大切に！
　同じ考えでも理由や根拠となる文章は違うもの。どうしてそう考えたのか，理由を明らかにする指導を普段から意識することが重要！

本時の交流

T さっき話していたけれど，みんなが目にするたんぽぽの綿毛って，ぴーんと伸びているよね。もし，花の軸が起き上がらなかったら，たんぽぽって地面すれすれのところで綿毛になるのかな。
C 違うよ。そんなたんぽぽ，見たことないよ。
C そうそう。それじゃあ，枯れちゃうよね。
T 枯れちゃったらだめなの？
C だめだよ！
T どうして？
C だって，仲間を増やせないもの。
T でも，その場所には仲間を増やせるよ。

> 子どもたちの様子を見ながら，さらに話し合いが深まるような言葉かけを！

C 同じ場所にしか綿毛が飛ばせなかったらさあ……。
（言い淀んだところで，続きを他の子どもが引き継ぐ。）
C 虫とか猫とかが来て食べちゃったら，たんぽぽ全滅しちゃうよね。
C あぁ！　だから遠くまで綿毛を飛ばして，いろんなところに仲間を増やしたほうがいいんだ。
C （いろんなところに仲間がいたほうが）全滅するかもっていう危険が減るよねえ。
T なるほど。ぐんぐん起き上がる理由，分かってきたね。

○スモールステップの話し合い

　ポイント　少人数→全体という話し合いの流れの構築。

なかなか話す内容が決まらない。
話すことに自信がない。
↓
少人数で話し合う＝気軽な気持ちで話し合える！
↓
全体でも発表してみよう！

❸**深い学びを生み出す工夫**
〇学びを生かした活動の設定
　ポイント　自分なりの興味関心に沿って調べ，発表する。
　２次で身に付けたい力
　　・時間的な順序や事柄の順序などを読み取る力
　　・文章の内容と非連続型テキストをつなげて読み取る力
　　　↓
　３次では，２次で培った力を生かして自分なりに情報を選びまとめる。

7　主体的・対話的で深い学びを生み出す振り返りと評価

❶**言葉による振り返り**
　ポイント　学んだことの振り返りを行い，次時につなげる。
　・初めて知ったこと，考えたこと，感じたこと，もっと知りたいことなど，学んだことの振り返りを自分なりの言葉で表現する。

❷**評価と指導の一体化**
　ポイント　座席表型記録簿を生かし，個に応じた評価と指導を繰り返す。
　・１単位時間における評価と指導を繰り返し行う。
　・【前】誰が前時までにどのような様子だったかを記録しておく。
　・【本】本時で想定される姿と，必要であろう指導・支援方法を記入する。

Aさん	Bさん
【前】指示語の捉えがあいまいで，時系列が意識しにくい。 【本】「このころ」の「この」は直前の言葉や段落を指すことが多いと意識させ，時間を表す言葉を色鉛筆で示すようにする。	【前】語彙が少なく，音読も苦手。 【本】「ぐんぐん」伸びる様子を動画で確認したり，全身を使って表したりすることで，言葉と経験をつなげるようにする。

（伊丹　彩）

【3年 読むこと（説明文）／書くこと】
5 すがたをかえる〇〇まき物をつくろう
教材名「すがたをかえる大豆」（光村3下）

1 単元のねらいと概要

　「すがたをかえる大豆」は「問い」や説明の順序，写真の使い方など，説明の工夫が多くあり，児童が今までの学習を生かしながら，中心となる言葉や文を捉え，説明の工夫を主体的に見いだすことができる教材である。そこで，こうした教材の特長を読み取り，他の文章を読み取る際に生きる力として身に付けさせ，それらを活用しながら自分の興味のある食品を調べ，「すがたをかえる〇〇まき物」をつくる学習につなげる単元を設定した。

<u>育てたい言葉の力</u>
・「すがたをかえる大豆」の説明の工夫を読み取る力
・例を挙げて説明する文章を書く力

2 指導目標

・中心となる語や文を捉え，段落相互の関係を考えながら，文章の内容を的確に理解することができる。
　　　　　　　　　　　（思考力，判断力，表現力等　C読むこと(1)イ）
・書こうとすることの中心を整理し，目的や必要に応じて理由や事例を挙げて書くことができる。　（思考力，判断力，表現力等　B書くこと(1)ウ）

3 主な評価規準

・「すがたをかえる〇〇まき物」をつくるために，「すがたをかえる大豆」の

説明の工夫を見いだしながら読んでいる。

　　　　　　　　　　　（思考力，判断力，表現力等　C読むこと(1)イ）
・食品の具体例を挙げ，食品ができるまでの工程を明確にして，「すがたをかえる○○まき物」を書いている。

　　　　　　　　　　　（思考力，判断力，表現力等　B書くこと(1)ウ）

4　単元の指導計画

次	時	学　習　活　動
1	1・2	・教師が作成した「すがたをかえる米」の巻物の作品例を見て，作成する意欲を高める。作成するには，どのような力が必要かを考える。 ・「すがたをかえる大豆」の全文を読み，おおまかな内容を捉え，初めて知ったことなどを感想にまとめる。 ・学習計画を立てる。 ※食べ物についての本を紹介し，学習と並行して読ませておく。
2	3	・「はじめ」「中」「終わり」の大きなまとまりに分け，説明文にあるはずの「問い」がないことに気付かせる。「はじめ」に入れる「問い」の文を自分たちで考える。段落ごとの内容を整理する。
	4・5	・「中」の部分を詳しく読み取り，筆者の説明の仕方の工夫を理解する。 　4時…中心文と写真について　　　　　　　　　　　　　（本時①） 　5時…「中」の順序について　調理工程が簡易な順であることを理解させ，その順序で紹介されている理由を考える。
	6	・「すがたをかえる大豆」の説明の工夫を話し合ってまとめる。今まで学習した「分かりやすい説明の仕方」をまとめ，「終わり」にある多くの食べ方が考えられた理由を読み取る。
3	7	・調べたい材料を選び，食品の例を集め，図や表を使って整理する。
	8	・分かりやすい文章の組み立てを想起し，自分の文章の組み立てを考える。「中」で具体例を紹介する順番や挿絵の工夫を考える。　（本時②）
	9	・「すがたをかえる○○まき物」を組み立てに沿って下書きを書き，推敲する。
	10	・友達と文章を読み合って，分かりやすい説明の仕方に沿って助言し合う。
	11	・「すがたをかえる○○まき物」をグループで交代して読み合い，感想を伝え合う。 ※図書室に置いて全校に紹介し，校内の食に関する関心を高める。

5　本時の流れ①（第4時）

❶本時の目標
・段落の中心となる文を捉えたり，写真の役割について考えたりしながら読むことができる。

❷本時の流れ

時	学習活動	指導上の留意点及び学びの工夫・評価
5分	1．前時までの学習を振り返り，本時の学習課題を確認する。	
	巻物をつくるために，説明の仕方の工夫を見付けよう。	
10分	2．「説明の中心となる文」について確認後，それぞれの段落で中心となっている文を見付け，サイドラインを引く。	〈学びの工夫〉 前時の自分たちの「問い」を確認し，その答えになるところに着目させる。
	〈中心となる文〉・繰り返し出てくる言葉や問い・題名とつながりのある言葉 　　　　　　　　・「問い」の答えとなる大豆の食べ方の工夫の文	
15分	3．中心となる文の共通点を考える。 ・接続詞にも触れ，次時に行う「中」の順序にも目を向けさせておく。	・見付けた中心となる文を板書し，「工夫」という言葉が繰り返し使われていることや，段落の最初に中心になる文が書かれていることに気付かせる。 （対話①）
10分	4．豆腐のつくり方に着目し，写真の使われ方を考える。	・ペアで豆腐の段落にだけつくり方の写真がある理由を話し合う。　（対話②）
	〈写真が使われている理由〉 ・文だけでは想像できないことを，写真を入れて分かりやすくしている。 　「ぬのを使って中身をしぼり出します」→布を袋のようにして大豆を入れ，へらで押すようにして，しぼり出す様子が分かりやすい　など	
5分	5．説明の仕方の工夫をまとめる。 6．学習のまとめを書く。	・中心となる文や写真のよさを理解している。　　　　　　　　（ノート，発言）

6 本時の流れ②（第8時）

❶本時の目標
・「中」の例を，写真や絵を入れ，紹介順を工夫しながら書くことができる。

❷本時の流れ

時	学習活動	指導上の留意点及び学びの工夫・評価
5分	1．前時までの学習を振り返り，本時の学習課題を確認する。	
	分かりやすい巻物をつくるために，文章の組み立てを考えよう。	
10分	2．「中」にはどのようなことを書くのかを意見を出し合う。	〈学びの工夫〉 「すがたをかえる大豆」にはどのような説明の仕方があったかを想起させ，自分の文では，何を書いたらよいか考えさせる。
	〈分かりやすい説明の仕方〉 ・「くふう」ごとに段落を分ける。　・中心となる文を最初に書く。 ・例の順番を工夫する。　　　　　・写真や絵の使い方を考える。	
15分	3．「中」の部分の組み立てを考える。	・「くふう」ごとに短冊に書き，順番を入れ替えられるようにする。
	〈組み立てを考える際のポイント〉 ・中心となる文は短く，「工夫」をまとめられるように考えて書く。 ・「簡単につくりやすい食べ方から」や「みんなが知っている食べ方」からなど，順番も工夫させる。	
10分	4．「中」の部分の組み立てを読み合って助言し合う。	〈学びの工夫〉 特に「分かりやすい説明の仕方」に目を向けさせて，助言し合わせる。
5分	5．「はじめ」「終わり」に書く内容を確認し，次時は，下書きを書くことを知る。 6．学習のまとめを書く。	・「中」の例を，写真や絵を入れ，紹介順を工夫して組み立てをつくっている。 （ノート，発言）

7 主体的・対話的で深い学びを生み出す授業改善のポイント

❶主体的な学びを生み出す工夫

○単元のゴールを意識させ，学習計画を自分たちで立てる（1時）

・本文を読む前に，単元のゴール「すがたをかえる○○まき物」の例を示し，つくりたい意欲を高める。
・「どんな力が身に付けばよいか」と問い，食材を食べやすくしている工夫の伝え方や写真の使い方など「分かりやすい説明の仕方」が必要な理由を自分たちで考える。
・単元の学習計画を全体で立てることで，受け身の学習ではなく，見通しをもって主体的に学習する意欲・意識を高める。

○「はじめ」の「問い」を自分たちでつくる（3時）

　これまでの説明文と異なり，「問い」が本文に書かれていない。児童は，これまでの学習で「はじめ」には「問い」があり，「中」には「その答え」があることを理解しているので，「答え」から「問い」をつくっていく活動を行う。その中で「答え」になる「中心となる文」を自分たちで見付け出す力を身に付けさせる。そのことにより，文章に主体的に関わろうとする意欲と説明文の読みの基本となる「問い」と「答え」の関係を理解させる。

❷対話的な学びを生み出す工夫（本時①）

対話①：中心となる文の共通点を伝え合う

　全体で「中心となる文」を段落から出し合うと，「段落のはじめの一文に書いてある」等，自然とたくさんの共通点が見えてくる。ペア活動で，見付けた共通点を伝え合うことで，①自分と同じ共通点を見付けた（児童の自信につながる），②自分が考えていない共通点を教えてもらった（児童の考えが広がる）など，様々な発見が自覚できる。またその共通点を全体で共有することで，「すがたをかえる大豆」の説明の仕方の工夫が明確になる。

T　「中」のそれぞれの段落から，見付けた「中心となる文」の共通点を話

し合いましょう。
C どの段落も中心となる文が最初の一文になっているよ。
C 私も気付いた。「問い」の「答え」をすぐ分かるようにしているからかな。
C ぼくたちの考えた「問い」が「どんなくふうをしてきたのでしょうか」だから、まず「くふう」が書いてあるね。
C 最初に「食べ方のくふう」が書いてあって、その料理の名前は、後ろのほうに書いてある。
C 本当だ。私たちが書くときも考えて書かないといけないね。

対話②：写真が使われている意味を考え伝え合う

　「すがたをかえる大豆」は、写真が効果的に扱われている。それに、豆腐のつくり方に着目すると、児童が理解しやすい。他の食材のつくり方では写真が使われていないことから「必要なところに必要な分だけ」写真が使われているところまで考えさせたい。ペアで対話をすることにより、「読み手」にとって「分かりやすい説明の仕方とは」について考えを深めることができる。

T 「すがたをかえる大豆」を初めて読んだときに、写真がたくさんあるから分かりやすいということに気付いている人がいましたね。写真について考えてみましょう。
C 写真に注目すると、豆腐のところだけ、多く使われているよ。
C 布を使って、中身をしぼり出すところが、考えにくいからだね。
C 「中身をしぼり出します」の文が、写真があることで分かりやすくなった。
C 布の中に大豆を入れて袋みたいにしてるのは、文だけで分からなかった。
C にがりを加えるところもそうだね。にがりって透明な液体なんだね。
C 写真があると、文だけでは、分かりにくかったとことが分かりやすくなるね。つくり方のイメージができたよ。
C 私たちが書くときも、写真を使って分かりやすくしたいな。
C 絵を使って伝えることもできそうだね。

❸深い学びを生み出す工夫

　「すがたをかえる大豆」で学んだことを生かして、紹介したい食品について中心となる文を考える。それぞれの食材に「どのような工夫がされているか」を分かりやすくするために、中心となる文とそれを支える文について書いたり助言し合わせたりする。

　　「芋」→　とろろ　　　　　（すりおろす工夫）
　　　　→　フライドポテト　（油であげて味をつける工夫）
　　　　→　スイートポテト　（つぶしてやく工夫）
　　　　→　こんにゃく　　　（べつのものをまぜる工夫）

　中心となる文を短冊にまとめ、並べ替えさせる。

T　どの順番で説明したら、分かりやすいでしょうか。
C　こんにゃくは、別のものを混ぜるから、最後がいいかな。
C　そうだね。「すがたをかえる大豆」でも納豆とか味噌は後ろで紹介されているから、それでよさそうだね。
C　つくり方が簡単な順番で紹介すると、読む人は分かりやすいね。

8　主体的・対話的で深い学びを生み出す振り返りと評価

❶振り返りの工夫

　学習のまとめを書かせ、自分の発見を大切にする。
　①分かったこと、今後生かしたいこと、②疑問、③対話を通して気付いたことなどの視点を示し、ノートに記述させ、何名か発表させる。そこから自分の学習のまとめをつくり上げる。

> 　「すがたをかえるいものまき物」をつくるには、中心となる文を考えることが大切だと分かった。食べ物はすぐ調べられたけど、それを読み手に伝えるために、中心となる文を考えることが難しかった。友達と話すと短い文でつくり方を表す方法が分かってうれしかった。

❷評価の工夫

　毎時間のノート指導を大切にする。ノートを集め，どのような学習のまとめを書いているかを確認し，学習状況を把握する。
○よく書けているところについてコメントを加えることで，子どもたちに書いた満足感を味わわせる。
○次時の導入で紹介し，前時の学習内容をより確かにするとともに，本時の学習に意欲をもたせる。
○学習のまとめをうまく書けない子に対して，友達の学習のまとめを紹介することで，次にどう書けばよいのかのヒントにする。

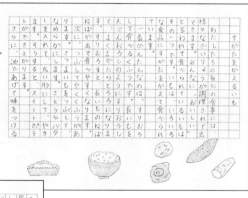

ワークシートと同じ幅の画用紙に貼るときれいにつくることができる。
写真ではなく絵で行うやり方もある。

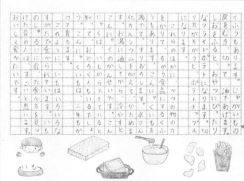

こんにゃくは挿絵を増やして工程を分かりやすくしている。
「中」の最初の文は工夫を表している中心文になるようにつくった。

〈作品例　すがたをかえるいものまき物〉

（阿久津　陽）

【3年 読むこと（文学）】
6 心にのこったことを自分の言葉で表そう
教材名「モチモチの木」（光村3下）

1 単元のねらいと概要

　本単元は，弱虫な豆太がじさまを助けるために勇気を出して夜道を走り，医者様を迎えに行くという対照的な行動が情景とともに書かれている。

　そこで，単元のはじめに挿絵を比べ，「くらべて読む」という課題意識をもつ。昼間の豆太と夜の豆太，昼間と夜のモチモチの木の様子，物語のはじめと終わりの豆太など，比べて読んで感じたことを自分の言葉で表現し，互いの感じ方を共有することが，主体的，対話的な深い学びとなる。さらに，同じ作者の他の作品とも比べて読み，共通点や相違点を考えて読みを深めていく。

　育てたい言葉の力
・登場人物の気持ちの変化や性格，情景を場面を比べ想像して読む力

2 指導目標

・登場人物の行動や会話，情景を比べながら読み，人物の性格や気持ちの変化を想像することができる。（思考力，判断力，表現力等　C 読むこと(1)エ）
・同じ作者の作品の共通点を基に，感想を共有し，読みを広げることができる。　　　　　　　　　　　（思考力，判断力，表現力等　C 読むこと(1)カ）

3 主な評価規準

・豆太の行動や会話，情景に着目し比較しながら読み，性格や気持ちの変化

を読み取っている。　　　　　（思考力，判断力，表現力等　C 読むこと(1)エ）
・他の作品との共通点を読み取るとともに，感想の共有を通して感じ方の違いに気付き，感想を深めている。

（思考力，判断力，表現力等　C 読むこと(1)エ）

4　単元の指導計画

次	時	学　習　活　動
1	1・2	○学習の見通しをもつ。 ・「モチモチの木」の絵本から，挿絵（夜のモチモチの木と灯がともったモチモチの木，じさまに抱かれる豆太と夜道を走る豆太など）を比べ，どのような物語か想像させる。 ○全文を読む。 ・学習課題を話し合い，学習計画を立てる。 　場面や登場人物の気持ちを比べながら読もう。
2	3〜8	○登場人物の人柄や気持ちを考えながら，対話的に読む。 ・「おくびょう豆太」から，おとう・じさま，豆太を比べて読み，豆太の性格を想像する。 ・「やい，木ぃ」から，昼間の豆太と夜の豆太を比べて読み，豆太の気持ちを想像する。 ・「霜月二十日のばん」の言動と「豆太は見た」の豆太の行動を比べて読み，豆太の気持ちを想像する。　　　　　　　　　　　（本時） ・灯がともったモチモチの木を見た豆太を「弱虫でも，やさしけりゃ」と「やい，木ぃ」を比べて読み，豆太の変化について話し合い，発表する。 ○比べて読んだことを基に話し合い，感想を書く。 ・登場人物の人柄や行動，気持ちの変化について話し合い，感想を書き，共有する。
3	9・10	○斎藤隆介さんの他の物語を読んで，登場人物の人柄や気持ちを「モチモチの木」と比べながら読む ・「かみなりむすめ」「花さき山」「ふき」「半日村」「三コ」など，「モチモチの木」での学習を生かして，班ごとに選んだ斎藤隆介さんの他の物語を読む。 ・「モチモチの木」と斎藤隆介さんの他の物語の共通点を比べ話し合い，感想をまとめる。

5　本時の流れ（第5時）

❶本時の目標
・「霜月二十日のばん」と「豆太は見た」の豆太の言動と行動を比べて，豆太の気持ちの変化を読み取ることができる。

❷本時の流れ

時	学習活動	指導上の留意点及び学びの工夫・評価
10分	1.「霜月二十日のばん」の豆太の言動と「豆太は見た」の豆太の行動等から豆太の気持ちを比べながら読む。 （2人組で対話しながら読む） 《気付かせたい叙述 「霜月二十日のばん」から》 「冬の真夜中に，……」 「考えただけでも，……」 「はじめっから……」 《気付かせたい叙述 「豆太は見た」から》 「医者様を……」 「ねまきのまんま……。」 「足からは血が出た。……」 「でも，大すきなじさまの……」 「モチモチの木に，……」	・豆太の言動や行動に着目させて考えさせる。 ・対比で読み取れる部分を見付け，豆太の気持ちの変化をつかませる。 （その豆太がはだしでふもとの村まで行ったなんて勇気があるね。） （一人で見るって考えただけでもこわかったんだものね。） ・アンダーラインを1人読みで引き，その後に対話しながら読み進めさせる。

		【読むことの評価】 ・おくびょうな豆太と勇気を出している豆太の様子が分かる叙述を見付けている。
10分	2．2つの場面を比べて，豆太の気持ちの変化についてグループで話し合う。	・4人グループで，それぞれ2人で対話してきたことを比べて，共通点をホワイトボードにまとめる。 ・豆太の気持ちの変化の理由を考えさせる。 ・自分と比べながら考えをもたせる。
10分	3．話し合ったことを発表し合う。	・児童の意見を板書する際に，対比できるように，黒板を上下で分けて書く。
10分	4．豆太の気持ちの変化を読み取って考えたこと書く。	・読み取ったことと感想を合わせて，本時の学習のまとめとして書かせる。
5分	5．本日の学習の振り返りをする。	・単元を通しての感想をまとめる際に利用できるように，毎時間書きためていくよう，用紙を工夫する。

6　主体的・対話的で深い学びを生み出す授業改善のポイント

❶主体的な学びを生み出す導入の工夫
○導入の工夫と単元を通した課題意識の形成

　単元の導入で，児童が見通しをもつためには，学習内容と学習方法を主体的に捉え，見通しをもつことが定説である。

　本教材は，弱虫豆太と灯がともったモチモチの木を見た勇気のある豆太が，情景とともに対照的に描かれている。そこで，単元の導入では，夜のモチモチの木と灯がともったモチモチの木，夜中にじさまとしょんべんに行く豆太と夜道を走る豆太の挿絵を比べながら，違いを見付けさせる。

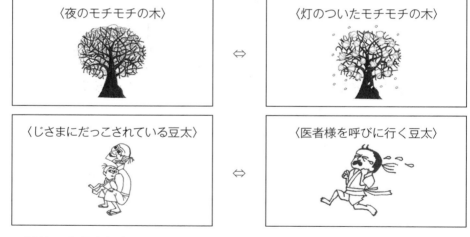

　挿絵の変化を捉えることは，物語の展開や登場人物の変化に着目する意識となる。どのように物語が展開していくのか段落相互の関係や登場人物の行動の変化を比べながら読んでいこうという課題意識を児童自らがもちながら，物語の全文を音読させることで出会わせる。児童は，本文と挿絵をつなげながら，その挿絵がどのような内容が書かれているところなのか，課題意識をもって読み始めることになる。

こうして読み始めることで，比べながら読むという課題意識を明確にし，主体的に学ぶ単元計画を立てていく。

❷対話的な学びを生み出す工夫
〇場面や情景，登場人物の行動を比べて読む

本教材は，おくびょう者の豆太が，おなかが痛いじさまのために，怖いはずの夜道を一心に町まで走り，その帰りに，勇気があるものだけが見られる灯がともったモチモチの木を見たという，対比的な行動や情景により物語の展開を楽しむことができる。

そこで，第2次では，場面の中での登場人物を比べることから始め，学習を進めるに従い，場面と場面を比べながら情景や行動，気持ちを読み進めていくようにした。

【読み方として】

はじめ　全員音読　＞　次に　一人音読　＞　最後に　代表児童音読　＞

（代表児童の音読の際に，学習のめあてに沿って，比べる対象となる叙述にアンダーラインを引く。）

↓

2人または3人で，アンダーラインを引いたところを確認する。

↓

対話的な読み
二つの場面や行動，気持ちなどにアンダーラインを引いたところを基に，読み取ったこと，想像したことを話し合う。

↓

全体での共有
学級全体で，対話で読み取ったことを発表し合い，共有する。

一人でしっかりと読みを形成することも大切であるが，第3学年になり，情景や行動から気持ちを想像して読み深める力が求められてくる。そこで，対話的な学びを重視して進めていくことで，読み深めることや想像することの確かな力を身に付けさせることができる。

〈対話の例〉

T　豆太の行動や周りの様子などから，「霜月二十日のばん」と「豆太は見た」のところで，アンダーラインを引いたところを確認しましょう。
　　（児童の反応　略）
T　どちらの場面も確認ができたら，比べながら話し合いましょう。
C　豆太は，おくびょうじゃなくて，勇気があると思います。だって，じさまを助けるために，夜道をなきなき医者様のところに走ったのだもの。
C　そうだね。寒くて，いたくて，こわかったのに，おくびょうな豆太だったらできないよね。
C　私もそう思います。はじめっからあきらめていた豆太が，モチモチの木に灯がついたのを見られたのだから，豆太は勇気がある子に変わったんだね。
C　でも，なきなき走ったのに，勇気があるのかな。
C　じさまを助けたいと思って走ったのは，勇気があるということだと思うよ。
C　もし私だったら，夜道を走ってお医者様のところまで行けなかったかもしれない。だから勇気があると思う。
C　勇気って，じさまを助けたいみたいな，特別なときに普段できない力がわいて，がんばれることだからな。
C　豆太は，本当は弱虫じゃないってことだよね。
C　じさまもおっとうも見ることができた灯がついたモチモチの木を豆太も見ることができてよかったね。
C　私もこんなことがあったら，勇気を出して行動できるかな？

❸深い学びを生み出す工夫
〇斎藤隆介さんの他の物語も比べて読む

　比べて読むということは，場面の展開や登場人物の変化に気付いて読むことである。そこで，斎藤隆介さんの他の作品を次の二つの方法で読む。
　どの作品にも，共通したストーリーの展開が見られる。
・モチモチの木で学んだ「比べて読む」読み方で，物語の場面の展開を比べながら読み進める。
・モチモチの木と，斎藤隆介さんの他の作品を比べながら，共通することを見付けながら読み，話し合う。
　第３次でも，同じ物語を選んだ２人から３人でグループになり，対話的に授業を進めていく。モチモチの木と他の作品を比べ，共通点を見いだしていくことが，第５・６学年でのテーマに迫る読みにつながっていく。

7　主体的・対話的で深い学びを生み出す振り返りと評価

❶振り返りの工夫

　今日の学習で考えたこと，学んだことを次の学習にどのように生かすかという視点で，学びの自己評価として振り返りを書く。

❷評価の工夫

　本単元では，対話的な学びを読みの学習の中心とした。対話的な学びをそれぞれのグループで行った際に，話し合ったことを教師は全て聞き取ることができない。そのため，評価シートをあらかじめ作成し，本日の話し合いでの視点や読みのめあてを自己評価とともに相互評価させる。
　また，タブレットやホワイトボード等を活用し，対話的な学びの際に，自分の考えを話す前に，その内容を簡単にメモさせ，そのメモを基に話し合わせる。その記録をとっておき，評価の参考資料とすることもよい。

（柴田　紀子）

【4年　書くこと／話すこと・聞くこと】
7 組み立てを考えて書こう
教材名「自分の考えをつたえるには」（光村4上）

1　単元のねらいと概要

　本単元は，日本の四季から，子どもたちが住んでいる町，東京都練馬区光が丘の四季について考え，季節のそれぞれの特色を発見し，そのよさを伝え合うことをねらいとしている。日本には，それぞれの自然や行事などのよさが際立つ四季がある。春，夏，秋，冬のそれぞれの特長や好みなど，話し合う場を設けることによって，子どもたちが，身の回りの四季に目を向けることとなる。子どもたちがそれぞれ感じている季節の特長や自分の好みについて話し合うことを通して，日本のよさについても考えを深めていく。

育てたい言葉の力
・日本の四季について，自分の考えを伝え合う力
・自分の考えを伝えるための理由や事例を整理して書く力

2　指導目標

・日本や光が丘の四季について考えたことを発表し合い，自分の考えを広げたり深めたりすることができる。　　　　　（学びに向かう力，人間性等）
・自分の考えを伝えるための理由や事例を整理して書くことができる。
　　　　　　　　　　　（思考力，判断力，表現力等　B書くこと(1)ウ）

3　主な評価規準

・日本の四季について興味をもち，自分の考えを伝えようとしている。

（主体的に取り組む態度）
・相手の伝えたいことを受け止めて，自分の経験と結び付けながら，感想や意見を伝えている。（思考力，判断力，表現力等　A話すこと・聞くことエ）
・書こうとすることの中心を明確にし，自分の考えを伝えるための理由や事例を挙げて書いている。　（思考力，判断力，表現力等　B書くこと(1)ウ）

4　単元の指導計画

次	時	学習活動
1	1	○光が丘にある四つの小学校の校名について考える。 ・「光が丘春の風小学校」「光が丘夏の雲小学校」「光が丘秋の陽小学校」と春，夏，秋はあるのに，冬の名前のついた学校がないことについて考える。 ・「光が丘冬の○○小学校」について考え，自分の考えをグループで共有する。
	2	○日本の四季について考え，自分の好きな季節と理由を考えよう。 ・「春」「夏」「秋」「冬」についてのイメージを出し合う。 ・「春」「夏」「秋」「冬」のどの季節が好きか，その理由について考える。
	課外	・好きな季節について，自分の考えと理由を明確にして，家族で話し合う。
2	3	○外国の人に自分が好きな季節を紹介するための準備をしよう。 ・オリンピック，パラリンピックについて，学習読本で様子を知る。 ・自分が好きな季節のよさを考える。
	4	○自分が紹介するための季節の資料を集め，発表文を書こう。 ・自分が好きな季節の題材を本やインターネットを通して見付ける。 ・自分が好きな季節の題材を基に，発表文をつくる。
	5	○自分が好きな季節の理由が分かるようにメモにしよう。 ・自分が伝えたいことを簡単なメモにする。 ・メモを基に自分で練習する。

	6	○自分が好きな季節について，考えを共有しよう。　　　　　（本時） ・モデルを見て，共有の流れをつかむ。 ・二つのグループで共有する。 ・全体で共有する。
3	7	○自分たちが好きな季節をまとめよう。 ・自分たちが好きな季節とその理由をカードに書く。 ・この学習を通しての感想を書く。
	8	○外国の人に自分が好きな季節を紹介しよう。 ・ＡＬＴや地域の外国の人を招いて，発表する。

5　本時の流れ（第6時）

❶本時の目標
・自分が好きな季節について理由を明確にして発表する。
・相手の発表を自分の経験と結び付けながら聞き，考えを受け止める。

❷本時の流れ

時	学習活動	指導上の留意点及び学びの工夫・評価
5分	1．前時までの学習を振り返る。 2．本時のめあてを確認する。	・学習計画を基に，前時までの学習を振り返る。
	自分が紹介したい季節について，友達と考えを共有しよう。	
10分	3．発表の流れと聞き手の観点について確認する。 〈発表するときのポイント〉 ・話し方名人を意識する。 ・紹介したい理由をはっきりと伝える。	・教師3人での話し合いのモデルを示し，第3時で見せたスピーチから，聞き手が発表を聞くときの視点や観点，メモのとり方について確認する。

	〈発表を聞くときのポイント〉 ・聞き方名人を意識する。 ・自分の経験と結び付けながら聞く。 〈質問や感想を伝えるポイント〉 ・一人1回以上質問や感想を伝える。（発表文のよさ，発表者の季節を生かして）	・自分の経験に基づいて，感想や意見を伝えているグループを紹介する。 ・相手が伝えたことについて，興味・関心をもって聞き，自分の経験と結び付けながら質問や感想を伝えている。 　　　　　　　　（主体的）（対話的）
10分	4．グループで発表を行い，互いの考えを共有する。	・経験を踏まえた具体的な理由を挙げられていた発表者を指名し，全体で共有する。 ・どの季節（春，夏，秋，冬）がよいかを決めるのではなく，互いの考えを共有することで，どの季節にもよさや魅力があることについて伝える。（深い学び）
15分	5．全体でよりよい発表の仕方について共有をする。	・次時への見通しをもたせる。
5分	6．本時の学習を振り返り，どの季節にも特長があり，日本の四季のよさにつながっていることに気付く。	

話し方名人	聞き方名人
あ　相手の目を見て い　いい姿勢で う　うんと口を開けて え　笑顔で お　終わりまで	あ　相手の目を見て い　いい姿勢で う　うなずきながら え　笑顔で お　終わりまで

〈教室掲示　国語の時間に限らず，常時，教室に掲示している〉

6　主体的・対話的で深い学びを生み出す授業改善のポイント

❶主体的な学びを生み出す工夫

○日本の四季のよさの見直し

　日本の特長の一つは季節の違いがはっきりしていて，それぞれのよさが際立つところにあると考えた。春，夏，秋，冬のそれぞれの自然や行事，子どもの体験などを話し合いによって浮き彫りにする。これにより，これまでじっくり考えることのなかった日本の四季の特色について，目を向けることとなる。「発見！日本の四季～光が丘の四季～」という単元名にして，季節のそれぞれの特色を発見する学習を行い，四季を見つめ直すことをねらいとしている。

○光が丘地域資料の活用

　日本の四季のよさを紹介するに当たって，自分の住んでいる光が丘地域や「光が丘夏の雲小学校」という自分たちの学校の名前に親近感，誇りをもたせたいと考えた。

　光が丘地域にある公園（光が丘春の風，光が丘夏の雲，光が丘秋の陽，光が丘四季の香）の写真を活用した。また，光が丘地域の小学校（光が丘春の風，光が丘夏の雲，光が丘秋の陽，光が丘四季の香）の校章にも，季節の特長が由来となっているものがあり，活用した。

○オリンピック・パラリンピック教育との関連

　2020年にはオリンピック，パラリンピック東京大会が開かれる。選手，スタッフ，マスコミ，観光客など多くの外国人が日本に訪れ，日本が注目されることとなる。そのときに向けて，小学生のときから「世界の中の日本」として「日本のよさ」

を見付け，考え，発信する姿勢をもつことは，国際感覚を養えると考えた。そのため，相手意識をもたせるために，日本の四季について紹介する相手を「日本を訪れる外国の人」と想定した。

❷対話的な学びを生み出す工夫
〇話し合い活動を高めるための工夫

日常的に指導を続けている「話し方・聞き方」（97ページ下段）の基礎基本に加えて，発表するときと発表を聞くときのめあてを提示した。発表するときには，自分が好きな季節のよさについて理由を明確にして，発表することで相手に分かりやすい説明になると考えた。また，発表を聞くときには，これまで経験してきた自分の季節感を結び付けながら聞くことをめあてとした。

〈話し合いのときのポイントを再確認してから共有する〉

〇グループ共有をしてからの全体共有

全体になると発言が少ない児童も，自信をもって発言できるようにするために，小グループ（3～4人）での話し合いを取り入れた。ここでは，外国の人に好きな季節を四季の中から一つ選び，その季節を代表するものや行事について触れながらお勧めする理由を話した。聞く児童は，共感，賞賛，質問を意識して感想や意見を述べた。

全体の共有では，数人を指名して，発表させた。グループの話し合いと同

じように，話し手は，紹介したい理由を明確にして発表し，聞き手は，自分の考えや経験と比べながら質問や感想を述べて，共感的に聞くことができた。

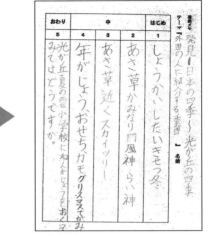

〈自分の言葉で説明ができるように，手元に発表メモを用意する〉

❸深い学びを生み出す工夫
〇1年間を継続しての学習掲示

1年間を通して，自分の見方や考え方が深まるように（6月，9月，11月，1月）継続して，四季を見つめ直す活動を取り入れた。また，同じテーマで話し合いを繰り返していくことで，子どもの季節に対する見方が豊かになり，考えの変容も見られるようになった。同時に，発表内容も充実してきた。

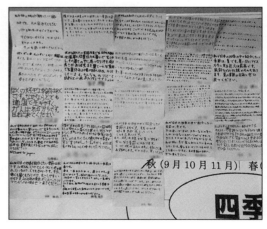

〈過ごした季節について振り返り，書きためていく〉

7　主体的・対話的で深い学びを生み出す振り返りと評価

❶振り返りの工夫

　学習の振り返りとして，学習感想を書かせた。感想を書かせるときの視点（四季のよさ）を明確にすることが大切である。今回の学習では，どの季節にもよさや魅力があるということを確認した上で，四季のよさについて振り返りを行った。

〇単元全体を通した学習感想

○「わたしは，この学習を通して四季の大切さを知りました。これまでは，四季について気にしたことはなく，早く１年経ってほしいなと思っていました。でも，この学習をしたら，四季の見方が変わりました。これからは，春も夏も秋も冬もどの季節も楽しみです。」

○「日本の四季について知れてよかったです。日本には季節ごとに様々な行事やお祭りが楽しめること。そして，いろいろな食べ物が味わえることが友達の発表を通して分かりました。日本についてもっと知りたいです。」

　この学習で「日本の四季のよさを日本人として改めて見つめ直すこと」や「それぞれの季節を好きになり，味わってみたい」という思いを学習感想からも読み取ることができた。

❷評価の工夫

　教師が身に付けさせたい力を明確にすることで，各時間，見るべきポイントがはっきりする。グループでの話し合いでは，理由を述べて説明していたかを評価することで，それぞれの考えについて，より明確によさを伝えることができた。

（関川　卓）

【4年　書くこと】
8 「クラブ活動リーフレット」をつくって3年生にしょうかいしよう
教材名「『クラブ活動リーフレット』を作ろう」（光村4下）

1　単元のねらいと概要

　クラブ活動未経験の3年生が読むリーフレットには，どのような情報を載せるとよいのだろうか。書いたものが実際に使われるゴールを見通し，必要感や相手・目的意識を明確にもち，楽しみながら言葉の学びを得ていく。

育てたい言葉の力
・自分の経験を振り返って取材をしたり，情報を選んだりする力
・相手や目的に応じて，取り上げる理由や具体例を構成して書き進める力

2　指導目標

・紹介したい情報を明確にするために，3年生に伝えたい情報を意識して取材し，集めた材料について比較したり分類したりして構成することができる。　　　　　　　　（思考力，判断力，表現力等　B書くこと(1)イ）
・クラブ活動の情報が3年生に伝わるように文章を書き，リーフレットをつくることができる。　　　（思考力，判断力，表現力等　B書くこと(1)ア）

3　主な評価規準

・紹介したい情報を明確にするために，3年生に伝えたい情報を意識して取材することができている。（思考力，判断力，表現力等　B書くこと(1)ア）
・集めた材料を比較したり，分類したりしながら，経験したことや想像したことなどから書くことを決めて，構成することができている。

(思考力，判断力，表現力等　B書くこと(1)イ)
・言葉には，思いや考えを表す働きがあることに気付き，様子や行動，気持ちなどを表す語句を増し，使うことができている。（知識及び技能　(1)オ)

4　単元の指導計画

次	時	学　習　活　動
単元前		長期　箇条書きメモの活用・情報共有を意識した様々な交流活動に，日ごろから取り組む。 短期　⑥クラブ活動での体験や感じたことを報告し合う。 　　　①活動などを伝えるリーフレット類を教室に置いておく。
1	1・2	○話し合ってゴールを確かめ，学習の計画を立てて見通しをもつ。 ・自分たちのクラブ見学を振り返る。3年生のときに事前に知りたかったことや，自分が体験して紹介したいことを伝える文章を載せたリーフレットづくりの計画を立てる。
		○実物や文例を参考に，文章の特徴について考える。 ・前年度に自分たちがもらったリーフレットを参考に，(1)取り上げたい内容と項目，(2)紹介文の書きぶりについて確認する。 ・紹介したい情報を付箋や短冊に箇条書きでメモをする。
2	3	○同じクラブの友達とインタビューし合い，内容の検討をする。 ・紹介したい<u>内容と，その理由や根拠となる具体的な出来事を伝え合う</u>。
	4	○取材した情報から必要な事柄を選び，構成する。　　　　　　（本時） ・伝える情報を決め，理由と関連する事例を考え構成する。 ・個人で進める ⇒ 違うクラブで編成したグループで相談する。
	5・6	○3年生に分かりやすくなるように，紹介する理由や事例を挙げた文章を書く。 ・〈体験レポート〉自分が紹介したいことを文章で詳しく書く。 ・〈耳よりコーナー〉3年生が知りたいことを，短い文で書く。
		・書き終えたら辞書（国語辞典・類語辞典）を使い，推敲する。 ・個人で進める ⇒ 読み合いコーナーへ来ている友達に相談する。
単元後		○3年生へ渡して，クラブ見学やクラブ選びの参考にしてもらう。

5　本時の流れ（第4時）

❶本時の目標
・紹介する理由とそれに合う事例を選び，構成を考えることができる。

❷本時の流れ

時	学習活動	指導上の留意点
3分	1．前時の活動から「自分が紹介したい」材料，「3年生が知りたい」材料を集めることができているか振り返る。 2．単元の概要と本時のめあてを確認する。	・子どもの書いたものを取り上げて，紹介しながら振り返る。
	3年生にじょうほうが伝わるように考えて組み立てよう。	
5分	3．〈組み立てのポイント〉を確認する。 ＊自分が紹介したいことは「体験レポート」に，文章で詳しく書く。 (1)理由と具体例を書くと分かりやすい。 (2)見出しを付けると分かりやすい。 (3)写真やイラストがあると分かりやすい。 ＊3年生が知りたいことは「耳よりコーナー」に短い文や箇条書きで書く。	・前年度のリーフレットや文例から考えた，紹介する文章の特徴を確認する。 ・いつでも確認することができるように，これまでの学習内容と学習計画表を掲示する。

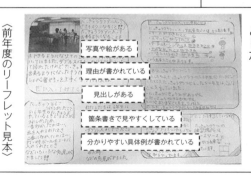

〈前年度のリーフレット見本〉

＊見本は横書きだが，指導目的に応じて縦書きにしてもよい。本実践では、縦書きとした。

〈教師の用意した部分文例〉

```
いるんなレシピで作っておいしく食べよう
● 何をするクラブか
● 特にしょうかいしたいことは何か
● 理由の数

一つめは、色々な食材や料理の仕方を知ることがで
きて、食べることがさらに楽しくなるからです。例え
ば、わたしは、プリンが好きなのですが、どうやって
作られているか知りませんでした。クッキング教室で
作るときに、材料や必要な道具が分かりました。カラ
メルソースは、さとうを火でこがして作ることも分か
って、食べる時に「前よりおいしいな」と思うように
なりました。
二つめは、……
三つめは、……
```

＊文例は、「部分」のものと、「全文」のものを用意し、実態に応じて提示するとよい。

〈構成表モデルを提示する〉

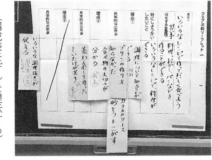

＊子どもの実態に応じて、教師のモデルを示しながら確認すると、視覚から捉えることができる。

15分	4．個人で，自分が紹介したい「体験レポート」の文章について，構成を考える。 5．違うクラブで編成したグループで，リーフレットの構成について交流する。 ①〈構成のポイント〉と照らし合わせて確認する。 ②必要があれば加筆・修正する。 ☆取材に戻る，記述に進む，「耳よりコーナー」の構成をする，のいずれかに取り組む。	・構成のポイントを，掲示物などで確認するように促す。 ・交流時に情報が不足していると感じた場合は，取材カードを参考にするよう助言する。
17分		
5分	6．学習のめあてについて振り返る。	

第3章　実践編　深い学びを実現する代表教材の授業づくり

6　主体的・対話的で深い学びを生み出す授業改善のポイント

❶主体的な学びを生み出す工夫

　本単元においての主体的な学びの姿とは，子ども自身が「クラブ活動のことを３年生に書いて伝えたい」との思いをもちながら取り組む姿のことである。子どもが，自分の課題と向き合い，自発的に取り組んでいることはもちろん，文章で表現する活動を通して得られた気付きや楽しさ，経験などを生かそうとする姿にも主体性があり，それは，次の学びに向かう原動力に転じていく。そのために，単元前の取り組みとして，学級活動の時間の一部をクラブ活動レポートコーナーとして，報告し合う時間を設けた。こうした経験は，子どもの意欲や課題意識を醸成し，単元と出会ったときに自然に学習と向き合うことにつながる。

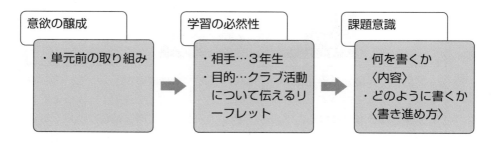

❷対話的な学びを生み出す工夫

　本単元においての対話的な学びの姿とは，リーフレットを書く過程において，子どもが自らの課題解決のため，必要に応じて友達や先生と対話する姿である。「自分の書いたものについて聞いてみたい」「友達はどう書いているか知りたい」という思いのある交流活動は，対話を通してものの見方や考えの自覚や変化が生じる。それは，「主体的な学び」や「深い学び」とつながる。

　考えの違う他者との対話を通して，思考は明確になる。子どもの思考を予

想し，対話的活動を取り入れる。その際，時間・人数・机やいすの向き・質の異同を考慮する。例えば，本実践では，前時はクラブ活動の情報を集めるために「同じクラブ」と質をそろえた。本時では，クラブについて詳しくない３年生に近い反応で対話できるように「違うクラブ」と，異なる質でグルーピングをした。交流は，必要に応じて取り入れるようにする。

❸深い学びを生み出す工夫

深い学びの姿とは，学びの自覚化と自己への認識が促された姿と言える。本単元では，３年生へ向けたリーフレットに必要な情報を文章化するという学習の課題解決を通して，ものの見方や考え方が広がったり，深まったりしながら，実感を伴った知識や技能が身に付いていく状態と捉えた。

本単元で子どもが考えることは，大きく２点ある。１点目は，文章を書く上での〈知識及び技能〉〈思考力，判断力，表現力等〉〈学びに向かう力，人間性等〉の育成であり，２点目は日常生活における言葉を通した見方・考え

方の育成である。それは、子どもの「そうか、こういうことか！」「なるほど、分かった！」といった、学びへの気付きや自己への認識を促すことであり、主体的・対話的な学びの視点とともに、次のような手立てで促す。

〈柔軟な学習過程〉とは、子どもの実態や身に付けさせたい力に応じて、時間数や活動の順序を柔軟に組むということである。

また、必要に応じて取材と構成、または構成と記述を行ったり来たり往復するなど、子どもと学習過程をつくっていく。

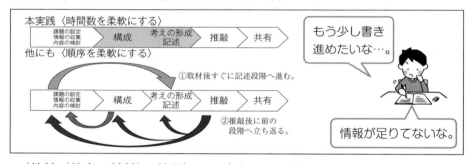

〈教材（教育の材料）・教具〉の工夫として、主にワークシートや掲示物に着目した。思考ツールとして、色・大きさ・配置場所を考慮する。

板書や掲示物で、ポイントや流れを一目で確認できるようにする。

付箋や自作の短冊を活用する。
○何度も書かなくてよい。
○操作することで思考しやすい。

7 主体的・対話的で深い学びを生み出す評価

　本単元では，これまでに述べた【文章の内容・文章の書き進め方・表現】と，【自分への理解・日常生活の振り返り】に注目して考えることを通して，学びの自覚化と，自己への認識が促されるようにした。

❶教師による評価と指導の一体化

　教師が学習状況を把握し，それぞれが必要とする指導や支援に生かしていく。そのために，次のような手立てを工夫する。

具体的な評価規準の設定	座席表型指導簿の活用	学習感想へのコメント
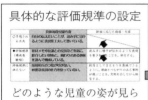		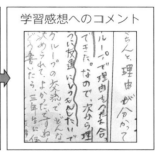
どのような児童の姿が見られると目標に達したと判断できるのか，規準となる具体的な姿を想定する。	前時までの学習や取材メモから，実態を把握しておく。単元を通しての学習記録にもなる。	

❷子どもによる評価

　子どもによる評価は，〈学習課題への自己評価〉〈他者からの評価・他者への評価〉〈実感としての自己評価〉の三つがある。

学習課題への自己評価	他者からの評価・他者への評価	実感としての自己評価

学習計画表を使い，めあての確認と振り返りをする。	学習課題に対しての意見や感想を伝え合うことによって，一人では気付くことが難しい自覚を促す。	

　単元を通して学びを意識し，次の書くことへと生かすには，教師による評価と指導の一体化に加えて，子どもの評価を重視したい。

（藤村　由紀子）

【4年　読むこと（文学）】
9 新美南吉の作品を読み，パンフレットで紹介しよう
教材名「ごんぎつね」（光村4下）

1　単元のねらいと概要

　この単元の教材文「ごんぎつね」を読むと「ごんがかわいそう」「つぐないがうまく伝わらずに死に至ってしまって悲しい」「兵十にとっても悲劇だ」など様々な感想をもち，様々な解釈をするだろう。自分の意見をもちつつ，それを友達との対話で深め，表現していくことは，子どもの言葉の力を豊かにしていくと考える。本単元では，気持ちの変化を中心に読み取った内容を作品紹介としてパンフレットにまとめる表現活動を「ごんぎつね」と新美南吉の他の作品で2回取り組んだ。表現活動を動機付けにすることにより，思考・判断したことを確かなものに練り上げることができ，これが深い学びにつながっていくと考える。

育てたい言葉の力
・場面の展開に沿って人物の性格や気持ちの変化を想像しながら読む力
・話し合い活動を通して，自分の考えを見つめ直し，それを表現する力

2　指導目標

・登場人物の行動や気持ちなどについて，叙述を基に捉えることができる。
　　　　　　　　　　　（思考力，判断力，表現力等　C読むこと(1)イ）
・登場人物の気持ちの変化や性格，情景について，場面の移り変わりと結び付けて具体的に想像することができる。
　　　　　　　　　　　（思考力，判断力，表現力等　C読むこと(1)エ）
・物語を読み，内容を説明したり，考えたことなどを伝え合ったりすること

ができる。　　　　　　（思考力，判断力，表現力等　C読むこと(2)イ）

3　主な評価規準

・ごんぎつねの行動や気持ちなどについて，叙述を基に捉え，表や付箋に自分なりにまとめている。　　（思考力，判断力，表現力等　C読むこと(1)イ）
・ごんぎつねなど，登場人物の気持ちの変化や性格，情景について　場面の移り変わりと結び付けて具体的に想像しながら読み，パンフレットにまとめている。　　　　　　　　（思考力，判断力，表現力等　C読むこと(1)エ）
・パンフレットを活用し，内容や，自分が考えたことなどを伝えている。
　　　　　　　　　　　　　（思考力，判断力，表現力等　C読むこと(2)イ）

4　単元の指導計画

次	時	学　習　活　動
1	1	○新美南吉の作品のブックトークを聞いて，これからの学習に興味をもつ。 ・「新美南吉の作品を読んで，『気持ちまるわかりパンフレット』をつくって友達に紹介しよう」という学習課題を設定する。
2	2	・教材文の読み聞かせを聞き，初発の感想を書く。 ・感想を発表し合い，学習の見通しをもつ。
	3〜7	○登場人物の行動や気持ちの変化を中心に詳しく読む。　　　　（本時） ・場面ごとのごんの心情を付箋に書きためていく。 ・ごんと兵十の気持ちの変化を捉え，まとめる。
	8・9	○ごんぎつねの「気持ちまるわかりパンフレット」を完成させ，友達に紹介をする。 ・書きためた付箋を貼り付けて，登場人物のプロフィールなどを書き加えて，パンフレットにまとめていく。
3	10〜13	○ブックトークによって選んだ新美南吉作品を，これまで学習してきた物語の読み方を生かして読む。（3〜7時と同様に付箋を書きためる。） 「ごんぎつね」の「気持ちまるわかりパンフレット」づくりで学習したまとめ方を生かして，選んだ本のパンフレットを書く。
	14	○「気持ちまるわかりパンフレット」を使って選んだ本の作品紹介を行い，互いのよさを見付けて伝え合う。

5　本時の流れ（第7時）

❶本時の目標
・第6場面を読み，ごんと兵十の気持ちの変化や関係の変化について捉えることができる。

❷本時の流れ

時	学習活動	指導上の留意点及び学びの工夫・評価
5分	1．前時までの復習を行う。 ・これまでのごんの気持ちとその変化について確認する。	・パンフレットの完成に必要な付箋も残りわずかであることを確認しつつ，これまでのごんの心情の変化を振り返る。
	書きためてきた付箋を確認　←　子どもが書きためてきた付箋　←　ごんの心情の変化　←　パンフレットの完成に向けて	
	2．本時のめあてを確認する。	
	兵十にうたれるまでのごんと兵十の気持ちを考えよう。	
9分	3．第6場面を音読する。 4．個人でごんと兵十の行動や気持ちが分かる叙述にサイドラインを引き，表にまとめる。	・対話的な学習で相互的な話し合いができるよう，自分の考えをもたせるための一人で読む時間をしっかりととる。

8分	5．3～4人組で，話し合いをする。	・学習課題と司会と時間の三つを確認し，効果的な話し合いができるようにする。
15分	6．学級全体で話し合う。	

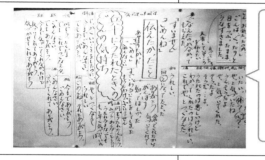

学級全体での話し合いで出た意見を記名しながら板書し、ファシリテートしながら関連付けて、まとめていく。

		・板書は子どもたちの様々な意見を関連付けながらまとめ，次の気持ちを付箋にまとめる活動で活用できるようにする。
5分	7．話し合いを生かして，ごんと兵十の気持ちを付箋にまとめる。	

〈ごんの気持ち〉

黒板に模造紙を貼り，それに書いていくことで，授業後は別の場所に掲示し，振り返れるようにした。

〈兵十の気持ち〉

3分	8．学習のめあてについて振り返る。	

6 主体的・対話的で深い学びを生み出す授業改善のポイント

❶主体的な学びを生み出す工夫
○学習課題の工夫

　本単元では第1時に，司書教諭に協力してもらい，新美南吉の作品のブックトークを行い，単元全体に対する興味をもたせた。ブックトークでは気持ちの変化がクローズアップされるように司書教諭と事前に相談をしておいた。

　本単元では，ブックトークで紹介された本の中から1冊選び，「気持ちまるわかりパンフレット」で作品紹介をすることを伝えた。子どもたちからは「面白そう」「やってみたい」などという発言が聞かれた。「実は今のブックトークでは紹介されなかったけど，新美南吉作品にはもう一つすばらしい作品があります」と伝え，1回目の「ごんぎつね」の範読を行い，学習課題を設定した。学習感想では，「『ごんぎつね』を読み深めていくことも楽しみだけど，自分が選んだ本を紹介するのも楽しみ」「『ごんぎつね』のパンフレットづくりをしっかりとがんばれば，自分で選んだ本の紹介も上手にできると思う」などの感想が見られ，子どもたちの意欲の高まりを感じた。

パンフレットを完成させるためにも，しっかり読み取っていこう。

　第3時から第7時までは，場面ごとのごんの気持ちを付箋にまとめる活動を授業の後半に一貫して行い，その付箋をパンフレットにそのまま貼り足していくという展開にした。したがって，ごんの気持ちを読み深めることが，パンフレット完成の1ピースを仕上げていくことにもつながり，子どもたちは高い動機付けを維持・向上させながら，主体的に場面ごとの読みを深めていた。

❷対話的な学びを生み出す工夫

　本単元においての対話的な学びの姿とは，ごんの行動や気持ちなどについて叙述を基に捉える過程において，グループや学級全体での対話を通して，子どもが自ら課題解決していく姿であると考えた。そのためにも，まずはしっかりと個々に教材文を読ませることにより，自分の考えをもたせた。それから3〜4人で課題解決のための話し合いをした。少人数グループでの話し合いでは互いの考えの同じところや違うところを明確にし，それについて質問をしたり，自分の意見を言ったりして，よりよい課題解決を目指した。

〈少人数グループの対話で大切にしたこと〉

学習課題の意識化	手順と役割の明確化	時間の管理
・ごんの行動等から気持ちを捉える。	・司会の確認。 ・サイドラインを引いた場所とそのときの気持ちを相互的に話し合う。	・事前に時間を示す。 ・経過タイムの表示。

〈少人数グループでの対話の具体例〉

| A　兵十の家に出かけるごんの気持ちはどんな気持ちだったかな。 | B　「今日はいいことをするぞ」だと思う。 | C　でも，つぐないを続けてきたのだから，「今日は」ではなくて「今日も」じゃないかな。 | B　確かにそうだね。「今日も」のほうがいいね。 |

　少人数グループで話し合った後は，学級全体で意見を交流したり，話し合ったりした。教師が全てのグループの話し合いの内容を把握するのは難しい。学級全体の話し合いの際に，教師はよい考えを確認したり，誤解を修正したり，さらに対話が必要なときは質問をしたりして，課題解決へのファシリテーションを行うことができる。

〈学級全体の話し合いの例〉
D　家に入ったときのごんの気持ちは「見つからないように」だと思います。
E　Dさんの言っていることも分かるのですが，自分がやっていることが神様の仕業とされ，「引き合わない」と思っているのだから，「気付いてほしい」という気持ちもあると思います。
教師　ごんは自分がやっていることを兵十に気付いてほしいの，気付いてほしくないの，どっちなのだろう。
F　…気付いてほしいけど，気付かれたくないみたいな気持ちじゃないかな。
G　うん，そういう複雑な気持ちだったんだと思います。

❸深い学びを生み出す工夫

　本単元における深い学びの姿とは，「ごんぎつね」で学んだ登場人物の行動や気持ちを考えて作品を捉えるという資質・能力を発揮して，自らが選択した新美南吉作品の内容について思考したり，判断したりしながら捉え，「気持ちまるわかりパンフレット」にまとめて，友達に紹介するという表現活動に取り組んでいく姿と考えた。表現活動を核とすることにより，思考したり判断したりしたことを確かなものに練り上げることができ，これが深い学びにつながっていくと考える。

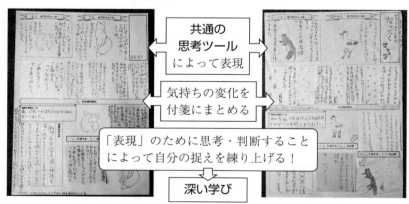

〈「ごんぎつね」のパンフレット〉　　〈選択した本のパンフレット〉

7 主体的・対話的で深い学びを生み出す振り返りと評価

❶振り返りの工夫

本実践では、黒板に模造紙を貼り、そこに直接板書をしたので、授業後はそのまま教室内に掲示が可能となった。意見だけでなく、発言者の名前も記入しているので、学習課題とその捉えだけでなく、学習過程についても振り返ることができた。

〈板書をそのまま教室内に掲示〉

❷評価の工夫

本単元で作成する「気持ちまるわかりパンフレット」は、毎時間の学習課題に対する自分の捉えの積み重ねである。したがって、このパンフレットは教師にとっては評価と指導の一体化を図るためのツールになる。また、子ども同士が作品紹介をし合い、学習課題に対する意見を伝え合うことにより、子ども同士の相互評価ツールにも活用できる。さらに、パンフレットによる作品紹介のよさを教師や友達に認めてもらうことにより、自己評価も高まり、次の読むことへの動機付けにもつながると考える。

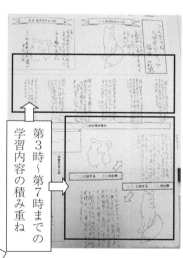

第3時～第7時までの学習内容の積み重ね

〈第8～9時で仕上げたパンフレット〉

評価と指導の一体化 → 子ども同士の相互評価 → 次への動機付け

（藤原　寿幸）

【5年 読むこと（説明文）】
10 自分の生き方を考えて伝えよう
教材名「千年の釘にいどむ」（光村5）・自作教材

1 単元のねらいと概要

　本単元は，読みを通して2人の職人の生き方や考え方に触れ，これからの自分の生き方について考え，スピーチで伝え合う単元である。「千年の釘にいどむ」は，法隆寺の再建に関わった白鷹さんという鍛冶職人の釘への取り組みが書かれた教材である。もう一つ「これしかない，これだけは負けない」は，宇宙開発にも活用されている部品づくりについて北嶋さんのへら絞りの取り組みを書いた自作教材である。二つの教材に共通することは，職人としてのよりよいものをつくり上げようとする思いや挑戦する姿である。
　確かな読む力とともに，児童が生き方や考え方に共感し，自分の考えをもちやすくなり，豊かな読みの力が育つように，二つの教材を比べて読む活動を中心に，対話的な学び合いを位置付けた。また，読んで友達と共有したことを，自分のこれからの生き方に生かしていくスピーチ発表を学習のまとめとした。

育てたい言葉の力
・生き方について書かれた文章を比べながら読み，自分の考えをもつ力
・読んだことを基に，自分の生き方について考え表現する力

2 指導目標

・二つの文章を比較しながら事実を基に人の生き方や考え方を読み取り，これからの自分の生き方について考えることができる。
　　　　　　　　　（思考力，判断力，表現力等　C読むこと(1)オ）

・読んだことを生かして、これからの自分の生き方についてスピーチすることができる。　　　　　（思考力、判断力、表現力等　C読むこと(1)カ）

3　主な評価規準

・事実や考え方が書かれている叙述から、2人の職人の考え方や生き方を読み取ることができている。（思考力、判断力、表現力等　C読むこと(1)オ）
・読み取ったことを基に、自分の生き方についてまとめ、スピーチで友達に伝えることができている。（思考力、判断力、表現力等　C読むこと(1)カ）

4　単元の指導計画

次	時	学　習　活　動
1	1	・すごいなあと思う日本人について意見を交流し、自分のこれからの生き方に生かしていけることがないか考える。
	2	・「千年の釘にいどむ」を読み、感想を書く。 ・スピーチのモデルを聞いて、学習計画を立てる。
2	3	・「千年の釘にいどむ」から古代の釘の見事さを読み取る。
	4	・白鷹さんの努力や工夫を読み、生き方や考え方について、友達との対話を通して自分の考えをもつ。
	5	・「これしかない、これだけは負けない」（自作教材）の北嶋さんの努力や工夫を読み、生き方や考え方について、友達との対話を通して自分の考えをもつ。
	6	・白鷹さんと北嶋さんの生き方や考え方から共通点を見付け、話し合う。
3	7	・2人の職人の生き方や考え方から、自分のこれからの生き方について生かせることを考える。　　　　　　　　　　（本時）
	8	・自分の考えを友達にスピーチで伝える。

5　本時の流れ（第7時）

❶本時の目標
・2人の生き方や考え方から学んだことを基に，自分の生き方について考えることができる。

❷本時の流れ

時	学習活動	指導上の留意点及び学びの工夫・評価
5分	1. 前時の学習を振り返り，本時の学習のめあてを確認する。	・前時の学習を振り返ることができるような掲示をする。 ・この学習でどんな力を付けていくのか確認する。（主体的な学び）
	2人の生き方や考え方から，自分の生き方について考えよう。	
15分	2. 2人の生き方や考え方を比べて読む。	・2人の生き方や考え方の共通点に着目させる。 「共通点を探すことで，生き方や考え方についてより深く学ぶことができるようにする」（深い学び）
15分	3. 自分の生き方に生かせることを考え，交流する。	・今までの学習のまとめを参考にさせる。 「対話することで，自分では気付けなかったことにも気付き，自分の考えを深めることができる」（対話的・深い学び）
10分	4. 今まで学んだことを基に自分の考えをまとめる。	・友達との交流で気付いたことも参考にさせる。 ・2人の生き方や考え方から学んだことを基に，自分の考えを書くことができている。　　　　　　（ノート）

6　主体的・対話的で深い学びを生み出す授業改善のポイント

❶主体的な学びを生み出す工夫
〇主体的な学びと導入の工夫

> 単元の導入
> 「すごいなあと思う日本人」についての意見の交流
> →「千年の釘にいどむ」という文章に出合わせる。
> →これからの生き方についてのスピーチ（教師のスピーチモデル）を聞く。
> →読んだことを基に，自分のこれまでの経験などとつなげながら，生き方について考えてみようという学習計画を立てる。

　児童自らが，何のためにどんな授業を行うか考える課題把握を丁寧に行うことや，学習の見通しをもたせる言語活動モデルを示すことで主体的に学ぶことができる。

〇二つの文章を読み，比べながら考える

　学習材との出合わせ方で，児童の主体的な学びは大きく変わってくる。本単元では，次のように工夫し，児童にとっては，学習材を自分たちで決めたように感じ，主体的に学ぶことができた。

> 社会科　北嶋絞り製作所についての学習（読みの学習の布石）
> 　　　　◇この人物について学びたい。北嶋さんについても学びたい。
> 　　　　　　　　↓　二つの文章を比べながら読みたい！
> 「千年の釘にいどむ」　　「これしかない，これだけは負けない」

学習材をつくるに当たり，児童に何を読み取らせたいかを考えてつくったため，「千年の釘」の白鷹さんとの共通点が読み取りやすいようになっている。教科書教材を読み取る力を活用して読める学習材にしたことで，児童が主体的に学ぶことができるものである。

❷対話的な学びを生み出す工夫

　本単元では，毎時間，対話を取り入れた構成になっている。1次では自分が感銘を受けた人物について友達に話し，その人物についてお互いに質問し合うことで，なぜその人物に感銘を受けたのか自分自身の考えを整理する。

C1　ぼくはイチロー選手が尊敬できる人物です。
C2　どんなところがすごいの？
C1　夢をかなえたところと，40歳過ぎても現役でがんばっているところ。
C3　イチローは小さい頃から野球選手になりたかったの？
C1　そうだよ。毎日練習を欠かさなかったんだって。本当はピッチャーになりたかったのだけど，ケガして野手になったんだ。
C3　イチローのすごいところって夢を諦めなかったところ？
C1　それもあるけど，40歳過ぎても現役で活躍するために，練習を毎日がんばっているってところかな。今でも努力することができているところにひかれる。

　この児童は，他の児童と対話することで自分の考えをまとめ，イチロー選手に「努力の天才」というキャッチフレーズを付けた。
　2次では2人の職人について対話をしながら，その生き方や考え方を基に，キャッチフレーズを付ける。さらに，2人の共通点を考え，自分の生き方にどう生かしていくか，対話することで考えを広げたり深めたりする。

C1　白鷹さんと北嶋さんは妥協しないところが似ている。
C2　私も。もっといいものがつくれるって，2人とも研究を重ねたよね。
C3　そうだね。ぼくは，<u>同じところから</u>「諦めない人」って思った。
C4　同じ場所からいろいろ学べるね。
C1　ぼくはすぐにこれでいいやって考えて，簡単なほうに流される。

C3 ぼくもそう。だから諦めないで何にでも挑戦していきたい。
C2 私もすぐに無理って言ってしまうし、逃げるところがあるから、挑戦するって大事だと思う。

　どの部分からどのように感じるのか、お互いの考えを交流しながら、ただ「妥協しない人」「諦めない人」ではなく、これからの自分の生き方に何が生かせるのかも考えることができるようになっていった。また、話し合う観点を共有することで目的を明確にした交流ができ、自己評価・相互評価として有効な場面が生まれた。

〈毎時間、自分の考えを書きためたピンクの紙〉

〈ピンクの紙を基に話し合う〉

❸深い学びを生み出す工夫
○第1次での深い学び

　第1次では本単元でどんな力を付けたいのか児童自ら考える。今まで感銘を受けた人物を思い浮かべ、その人物にキャッチフレーズを付ける。これは、どんなところがすばらしいと思ったのかを一言で表すことで、自分の生き方に生かすことができることは何か、焦点を絞って考えるためである。また、ただ単に「この人すてき」ではなく、何がすばらしいと思ったのかを考えることが深い学びにつながる。人物を一言で表すことは、この後に学ぶ2人の職人についても行っていく。それは、一言で表すことで共通点も見付けやすくなるからである。

白鷹さんは釘づくりに何度失敗しても研究を重ねた「諦めない人」

北嶋さんはできないとは思わないで挑戦していた「諦めない人」

○第２次での深い学び

　ここで言う深い学びとは，手本となる人物の生き方や考え方に感心するだけではなく，どう自分の生き方や考え方に生かせるか学び取ることである。そのためには，読み取る人物の生き方や考え方をより抽象化して捉えることが必要になってくる。２人の行動や考えを通しての取り組み方を比べることで，生き方や考え方を抽象化し，捉えられることで，学びが深まっていく。

○第３次での深い学び（スピーチを記録したもの）

> 　みなさんは今何かに挑戦していますか。昔の私はしていませんでした。私は一年生のころからチアリーディングを習っていたんですけど，その時に組体操でやるような人を上げる技をすることになりました。その時にやろうかな，どうしようかなと思ったんですけど，なんかやっぱり人を上げるから落としたらどうしようとか思ったり，なんか心配になったりして手を挙げられませんでした。私はその後に後悔をしました。なぜならその時に挑戦をしていれば練習になっただろうから，もっと上手になれたと思ったからです。昔挑戦をしなかった私を後悔させてくれたのは北嶋さんや白鷹さんです。北嶋さんや白鷹さんはまだだれも人間がやったことのない，前代未聞のことをやり遂げたり，ライバル会社がもう駄目だと断念してしまったことにも挑戦したりして大成功していたからです。
> 　私は今日，今ここでスピーチする機会をもらいました。私は決勝進出が決まった夜に昨日よりももっとうまくできるように考えたときに，明日大丈夫かなとか，別の人の方が上手かったなとか思って泣いたりもしました。だけど絶対に逃げ出しませんでした。なぜならここで逃げ出したら，もっとずっと弱い人間だけど，白鷹さんや北嶋さんのような挑戦になると思ったからです。私はこれから北嶋さんや白鷹さんのように挑戦し続けて，もっともっと強い人間になりたいと思いました。これで終わります。

　第３次では，第２次で学んだことを基にスピーチをしていく。スピーチの内容は，毎時間書きためた２人の行動や考え方を基にしながら，自分の考え方と共通する点を見付けていくことを大事にする。そうすることで，自分が２人の職人から何を学び取ったのかが明確になる。また自分の生き方や考え

方に生かせることは何かが見えてくる。そうしたスピーチを互いに聞き合うことで,児童はより深い学びを体感する。新たにスピーチ原稿を書くことはしない。自分が感じたことを生で話すことで,話すたびに考えや思いが深まっていく。これがより深い学びである。小グループで発表を行い,そのグループの児童から推薦された児童が学級全体の前でスピーチを行った。この児童は最後涙ながらに自分が,今,体感している「自分の成長」を述べた。生でしか言えないスピーチだった。このスピーチを聞いていた児童も涙を流し,感動していた。深い学びを学級全体で体験できた瞬間だった。

7 　主体的・対話的で深い学びを生み出す振り返りと評価

❶振り返りの工夫

　読み取ったことを白カードにまとめ,自分の考えはピンクカードに書き,毎時間積み上げた。ノート形式ではないため,読み取ったことや自分の考えを広げたり,比べたりすることが容易にでき,スピーチするときの柱立てや構成メモにも役立てるようにした。

❷評価の工夫

　評価の一つである振り返りカードは,毎時間書くことで,児童自身が学びの積み上げを確認できて,主体的に学習するようになる。また,教師による評価として,児童の読みの形成的評価とともに,自己の考えを書かせることで学びの深まりも評価することができる。

　一方,対話的な学びの評価は,焦点化して行うようにする。本単元では,読みが深まってきた第2次の6時で行う。二つの教材を読んだ上で,共通点や自分の生き方に生かしたい点などを話し合う学習である。対話した内容に対するそれぞれの質問や意見をどのように受け止めたのか,具体的な意見を書かせる。また,タブレット等を活用して,対話の様子を録画し,それを再生して話し合いの様子を自己評価させることもよい。

（田村　香代子）

【5年　話すこと・聞くこと】
11　我が家の自慢料理
教材名「すいせんします」（光村5）

1　単元のねらいと概要

　目的や意図に応じて説得力のある構成を考え，推薦するスピーチを行う学習である。推薦とは，理由を明確にしてそのよさを伝えることである。また，推薦した事柄を聞き手に選んでもらえるように働きかけることも求められる。

　ここで推薦する内容は，お正月の食べ物であるお雑煮をテーマに学習を設定した。各家庭のお雑煮の特長を説明したり，それに込められた思いを説明したりする学習を通して，伝統的な文化の継承に焦点を当て，無形文化遺産に登録された和食のよさにも考えを深めることができると考えた。

　この活動を通して，「自分の考えを豊かに表現する力」や「グループで効果的な伝え方を考え，話の構成を考える力」「相手の発表から自分のことを振り返り伝える力」を身に付けさせたいと考えた。

育てたい言葉の力

・効果的な伝え方を意識して，発表する力
・自分との共通点や相違点，発表から伝わるものなどを整理して聞き，自分の意見や感想として伝える力

2　指導目標

・目的や意図に応じて，日常生活の中から話題を決め，集めた材料を分類したり関係付けたりして，伝え合う内容を検討することができる。
　　　　　　　　　　（思考力，判断力，表現力等　A話すこと・聞くこと(1)ア）
・互いの立場や意図を明確にしながら計画的に話し合い，考えを広げたりま

とめたりすることができる。
(思考力，判断力，表現力等　A話すこと・聞くこと(1)オ)

3　主な評価規準

・自分の家のお雑煮について調べたことを話したり，相手のスピーチを聞いたりしながら考えを広げている。　　(思考力，判断力，表現力等　A(1)オ)
・推薦内容が聞き手に伝わりやすくなるように取材カードから内容を選択してスピーチの構成を考えている。　　(思考力，判断力，表現力等　A(1)ア)

4　単元の指導計画

次	時	学　習　活　動
1	1	・スピーチを通して，いろいろなつくり方やつくる人の思いがあることを学ぶというめあてをもつ。 自分の家のお雑煮について調べ，スピーチすることを知らせる。 学習計画を立て，家庭で取材してくることを確認する。
2	2	・スピーチのモデルを教師が示し，発表の仕方について知る。 取材カードから，推薦の理由となるような内容について選択する。
	3	・選択した内容について，どのような構成で話すか考える。 発表メモをつくる。
	4	・発表メモを基に発表の練習をする。 相手に効果的に伝えるために，アドバイスグループで話の構成を見直す。 ・アドバイスを基にして，スピーチの練習をする。
3	5・6	・お互いのスピーチを聞いて，学び合う。 聞き手の意見や感想の伝え方について教師がモデルを示し，ポイントを確認する。　　　　　　　　　　　　　　　　　　　　(本時)
	7	・今後調べてみたいことを考えながら，まとめを行う。 お互いのスピーチを聞いて，お雑煮や和食に対する自分なりの考えをもつ。

5　本時の流れ（第6時）

❶本時の目標
・効果的な伝え方を工夫して，スピーチをすることができる。
・自分の考えと比較したり共感したりしながら，友達のスピーチを聞くことができる。

❷本時の流れ

時	学習活動	指導上の留意点及び学びの工夫・評価
5分	1．本時の学習課題を確認する。	・学習計画を基に，前時までの活動を振り返る。
	・効果的な伝え方を意識して発表をしよう。 ・友達の発表を自分の発表と比べながら聞き，感想を伝えよう。	
10分	2．発表のモデルを見て，発表会の進め方について見通しをもつ。	・モデルを行う教師グループが，発表者と聞き手の役割をしながら，発表を進める流れを見せる。 ・発表者は相手に内容が伝わるように話すこと，聞き手は興味をもって簡単なメモを取りながら話を聞き，内容に迫る感想を伝えることを確認する。
3分	3．発表を聞くときの観点を確認する。	・スピーチを基に，お互いの考えを話し合えるように，聞き方のポイントを確認する。
	①自分の発表と比べて（共感・比較） ②疑問に思ったこと（質問） ③全体を通して	
20分	4．グループでの発表会を行い，互いに感想を伝え合う。	・グループでの交流がうまく進んでいるグループを取り上げ，称賛する。 ・効果的に伝わるよう，工夫して発表を

		行っている。 　　　　　【思考力，判断力，表現力等】 ・自分の考えと比較共感しながら聞き，想いが伝わる部分などの感想を伝えている。　【思考力，判断力，表現力等】
7分	5．本時の学習を振り返る。	・グループでの発表を通して，感じたことやめあてが達成できたかを振り返らせる。

6　主体的・対話的で深い学びを生み出す授業改善のポイント

❶主体的な学びを生み出す工夫
〇題材の選択

　今回のスピーチは，正月に食べるお雑煮について取材を行い，発表を行うこととした。各家庭でつくられているお雑煮は，地方ごとの文化の違いやつくる人の願いなど，独自のものであることが多い。それを取材し発表する活動は，子どもたちに興味関心をもたせるものであると考えた。

　また，冬休みの課題として，家族に話を聞いたり調べ学習をしたりという取材の機会も十分もてるように配慮した。

〈写真を入れた取材メモ〉

○発表のイメージをもたせるモデルの提示
　話の組み立てを考えるための発表メモをつくらせた。発表メモでは，「はじめ」「中」「終わり」の構成を考えて，取材した事柄から内容を選んでいく。これにより，子どもが自分の伝えたいことを明確にして話せるようにした。また，聞き手に話の内容がより分かりやすく効果的に伝えられるように，写真や絵を活用させた。
　このような発表までの準備において，取材メモからどのような発表内容に絞っていくか，それを基にしてどのように発表にしたらよいかのイメージを子どもにもたせるために，教師がモデルを提示した。
　具体的な発表までの準備を見通せることで，よりよい発表になるような工夫を子どもが考えることができた。

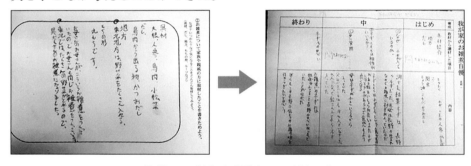

〈取材メモ（左）から発表メモ（右）へ〉

○目的に合わせたグループ編成
　発表までの練習場面と，発表会の場面の2段階のグループ編成を行った。練習場面においては，よりよい発表にするためのアドバイスをし合えるようなグループを意図的につくった。
　発表会では，発表内容が異なるグループをつくることで，興味関心をもって聞き合えるようにした。
　それぞれ目的の異なるグループ編成を意図的に行うことで，子ども同士が考えを交流しながら学習を進めることができた。

❷対話的な学びを生み出す工夫

○発表の聞き方の観点

　発表を聞いた後に,「～が分かりました」という感想に止まり,一方通行の発表会になってしまわないように,必ず自分の考えを伝えることを聞き手のめあてとした。

　自分の取材したことと対比させながら発表内容を深めることができるように,「共感」「比較」「意見」「質問」といった観点で話を聞くように指導した。

　また,その考えの伝え方も教師がモデルを子どもたちに提示した。

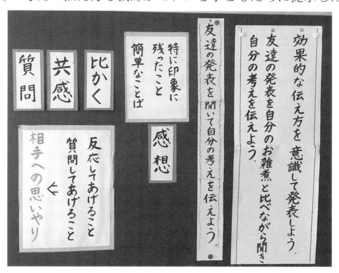

〈聞き方の観点の板書〉

○ボードの活用

　相手の目を見て話をすることや聞くことが,話し合い活動の基礎と考えた。ともすると,発表メモを目で追ってしまったり,聞き取りメモに没頭してしまったりすることで,これがうまくいかないこともよく見られる。

　発表者から目線を落とさずに,聞き取りメモを書くことができるようにボードを活用した。これによって,メモをとりながらでも互いの反応を確かめ合いながらの話し合いが進められた。

〈実際の発表の様子〉

❸深い学びを生み出す工夫
○題材に関わる視野を広げる話し合い

　お雑煮は，材料や出汁，もちの形など，家庭によって様々なものがある。発表会で友達のお雑煮について聞くことで，自分の家のお雑煮との違いを感じられた。自分の家で普段食べているお雑煮が，家庭のオリジナルであることを改めて実感したり，いろいろな種類があることを知ったりすることができた。

　また，はじめの家庭での取材活動を通して，家族を思うつくり手の気持ちを知ることができた。その後，お互いの発表を聞くことで，さらにそれぞれのつくり手の思いを感じ取り，自分の家のお雑煮を大切に受け継いでいこうという気持ちや，和食という文化に触れてそれを大切に思う気持ちを育てることにつながった。

○毎年，お正月に当たり前に食べていたお雑煮には，いろいろな意味があることにおどろきました。おじいちゃんやおばあちゃんから，ずっと続いている思いがあるのだと思いました。
○一年がよいものになるようにという思いがこめられていて，一つ一つをよく考えて味わって食べたいと思いました。

7　主体的・対話的で深い学びを生み出す振り返りと評価

❶話し合いの振り返り

　話し合い活動では，①発表者として相手に効果的に伝える，②聞き手として発表者の意図を受け止めながら発表を聞き，意見や感想を伝える，という目標がある。その目標に沿って，話し合いの仕方を振り返らせることとした。これにより，「内容が相手に伝わりやすくするために，大事な部分で声を大きくして強調できた」「視線を聞いている人に向けて発表できた」などの，自分自身の発表に関する振り返りと，「つくっている人の優しい思いが発表を聞いていてよく分かった」「発表を聞いた後に，自分の家のお雑煮との違いを知ることができた」などの，聞き手としての振り返りに分けて学習感想を書くことができた。

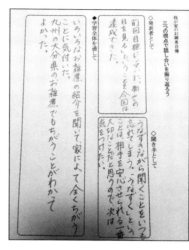
〈振り返りカード〉

❷継続的に子どもを見取る

　発表会での子どもの行動観察だけではなく，「取材メモ」「発表メモ」「聞き取りメモ」「振り返りカード」「活動のまとめ」といったそれぞれの学習段階を継続的に見取り，子どもの変容を評価できるようにした。

　「取材したことを取捨選択して発表内容を決めるときに，どのような思考が働いていたか」「発表メモを基にスピーチをするときには，どのような工夫を取り入れていたか」「発表を聞いて，どのような気付きがあったか」など，子どもの活動を多面的に評価する材料とした。今後はさらに也の家庭料理を題材に取り上げ，多角的なものの見方を育てる指導をしていきたい。

（神永　雅人）

【5年　読むこと（文学）】
12 作品の魅力をブックドアで紹介しよう
教材名「わらぐつの中の神様」（光村5）

1　単元のねらいと概要

　本単元では，教材文「わらぐつの中の神様」を通して，自己の課題である「一人一人が中心的に読みたいと思うところ」を意識しながら，作品全体を叙述に沿って読み取っていく。
　また並行読書として，作者の杉みき子さんが書いた作品を読み，その中から自分のお気に入りの作品をブックドア※にまとめ，作品の魅力を全校児童に紹介するという活動の流れになるよう単元を構成した。
　教材文の読みにおいても並行読書においても，「作品の魅力探し」を行うために詳しく読み進めていった。目的をもって読み，比べ読みをしながら読み進めていくことで，主体的な読みにつなげるようにした。

育てたい言葉の力
・思考に関わる語句の量を増し，話や文章の中で使おうとする力
・文章の構成や展開，文章の特徴について考えようとする力

※ブックドア…扉型の本紹介カード

2　指導目標

・登場人物の相互関係や心情などについて，描写を基に捉えることができる。
　　　　　　　（思考力，判断力，表現力等　C読むこと(1)イ）
・人物像や物語の全体像を具体的に想像したり，表現の効果を考えたりしながら読むことができる。　（思考力，判断力，表現力等　C読むこと(1)エ）
・文章を読んで理解したことに基づいて，自分の考えをまとめることができ

る。　　　　　　　　　（思考力，判断力，表現力等　C読むこと(1)オ）

3　主な評価規準

・おみつさんと大工さんの相互関係や心情などについて，描写を基に捉えることができている。　　　　（思考力，判断力，表現力等　C読むこと(1)イ）
・おみつさんと大工さんの人柄や方言の効果により，作品のあたたかさに気付きながら読むことができている。
　　　　　　　　　　　　（思考力，判断力，表現力等　C読むこと(1)エ）
・わらぐつの中の神様や杉みき子さんの他の作品を読み，理解したことに基づいて，自分の考えをブックドアにまとめることができている。
　　　　　　　　　　　　（思考力，判断力，表現力等　C読むこと(1)オ）

4　単元の指導計画

次	時	学 習 活 動
1	1	・単元を通したテーマ「作品の魅力を探しながら読み，杉みき子さんの作品のよさを全校児童（主に4～6年）に紹介しよう」と，活動の流れをつかむ。 ・「わらぐつの中の神様」を読み，初発の感想を交流する。 　杉みき子さんの作品を並行読書していく。
2	2	・文章構成と内容の大体を捉え，マサエの変容を確認する。 ・「自己の課題」を決める。 　※自己の課題…読み深めていくために中心的に読みたいところ。 　　登場人物の気持ちをさらに詳しく知りたいと思うところ。 ・個人の「自己の課題」を出し合い，学級全体ではいくつになったのか確認する。「自己の課題」が同じ人同士でグループをつくる。
	3～5	・「自己の課題」を意識しながら読み取った個の考えを基に，同じ課題の子どもで構成されたグループで交流をする。全体交流で各グループの発表を聞きながら，作品全体を様々な視点で捉えていく。（本時）

		（個の読み→グループ交流→全体交流→個の振り返り） 【例　個から挙がった「自己の課題」が，学級全体で八つの場合】 〈第３時〉 ①雪げたを欲しがるおみつさんの気持ち ②わらぐつを初めてつくったおみつさんの気持ち ③初めてつくったわらぐつを売りに行くおみつさんの気持ち 〈第４時〉 ④わらぐつを売っているときのおみつさんの気持ち ⑤初めておみつさんから，わらぐつを買う大工さんの気持ち ⑥わらぐつが初めて売れたときのおみつさんの気持ち 〈第５時〉★ ⑦「おれのうちへ来てくんないか。」と言ったときの大工さんの気持ち ⑧「おれのうちへ来てくんないか。」と言われたときのおみつさんの気持ち ※１時間で一つの課題に取り組めるよう必要に応じて調整する。
	6	○登場人物の人柄を確認し，作者は，作品全体でどのようなことを伝えたかったのかを考える。（人としてのあたたかさ，一生懸命さ） ○方言の効果について考える。（あたたかい雰囲気が出ている。） ※作品の魅力の確認につなげる。
	7	○作品を様々な視点から捉えたことを生かし，「わらぐつの中の神様」の魅力だと感じるところとその理由を考える。 ○作品の魅力に触れながら，ブックドア（扉型の本紹介カード）にまとめる。学級内で紹介し合う。
3	8	○並行読書をしてきた杉みき子さんの作品の中から，紹介したい本を選び，作品の魅力を考えながら，ブックドアにまとめる。 掲示して全校児童に紹介する。

5　本時の流れ（第５時）

❶本時の目標

・作品の魅力を考えるために自己の課題に沿って文章を読み，その内容を互いに伝え合うことで，作品全体を様々な視点から捉え，自分の考えを広げたり深めたりする。

❷本時の流れ

時	学習活動	指導上の留意点及び学びの工夫・評価
5分	1．前時の復習と，本時の学習のめあての確認を行う。	
	自己の課題に沿って登場人物の気持ちを読み取ろう。	
35分	2．自己の課題に対応する場面を選び，本文を音読する。 3．自己の課題である，中心的に読みたいと思った場面の登場人物の気持ちを読み取り，ノートにまとめる。 ⑦「おれのうちへ来てくんないか。」と言ったときの大工さんの気持ち ⑧「おれのうちへ来てくんないか。」と言われたときのおみつさんの気持ち ※各課題，複数のグループあり。 4．個人が書いたものを基に，同じ課題のグループごとに登場人物の気持ちをまとめる。 5．グループごとにまとめた，登場人物の気持ちを発表する。 6．他グループの考えを聞いて，感じたことや追加したいことを発表する。	・自己の課題と関連する叙述に，サイドラインを引きながら読ませる。 ・選んだ場面の登場人物の気持ちを，叙述に沿って読み進める。 ・登場人物の言葉で，まとめさせる。 ・グループ交流では，なぜそのような言葉にまとめたのか，教科書の叙述を根拠に理由を言いながら話し合いをさせる。 ⑦あのわらぐつは，心を込めてつくったと分かる。いい仕事をする，こんな素敵な人におれのうちに来てほしい。 ⑧不細工なわらぐつだったのに，わらぐつも私のこともほめてもらえて嬉しい。 ・各グループが考えた場面ごとの登場人物の気持ちを，黒板に一覧になるように掲示する。 ・場面ごとの登場人物の気持ちを読み取るとともに，各グループの考えに対する思いを確認する。 ・全体交流では，⑦に取り組んだグループは⑧の考えを聞いたり，同じ⑦でも他グループの考えを聞いたりして，作品を様々な視点で捉える。（⑦⑧逆も同じ。）
	★自己の課題にそって登場人物の気持ちを読み取っている。	
5分	7．学習感想を書き，本時を振り返る。	・本時の学習から分かったことや，再確認できたことを学習感想に書かせ，ブックドアづくりに生かす。

6　主体的・対話的で深い学びを生み出す授業改善のポイント

❶主体的な学びを生み出す工夫
○相手意識・目的意識をもつ

　学習に入るときにはまず単元のゴール（終末の活動）を決める。そしてそのゴールに向けて単元を通したテーマを設定する。子どもたちが毎時間，そのテーマを意識しながら学習に取り組むことが大切である。常に，「誰に向けて何をするために読んでいるのか」「自分は何を意識しながら毎時間の読みを進めていけばよいのか」といった相手意識・目的意識が子ども自身，理解できているようにすべきである。

　例えば，今回の学習では単元を通したテーマを「作品の魅力を探しながら読み，杉みき子さんの作品のよさを全校児童（主に4～6年）に紹介しよう」と設定した。子どもたちは，教科書教材の「わらぐつの中の神様」の読みにおいても，並行読書教材となる杉みき子さんが書いたその他の作品の読みにおいても，常に「作品の魅力はどこか」という視点で読み進める。それは終末の活動のブックドア（扉型の本紹介カード）づくりに生かすためである。

　このように，単元を通したテーマを示し，相手意識・目的意識をもって学習を進めることで，主体的な読みにつなげることができる。

○自己の課題を意識して読む

　読みを進める際に，自己の課題が明確にあると子どもの読もうとする意欲は増す。今回の学習では，自己の課題を「読み深めていくために中心的に読みたいところ。登場人物の気持ちをさらに詳しく知りたいと思うところ」とした。その自己の課題を解決するために読んでいくことは，もっと知りたいと思う部分を追究する読みとなり，主体的な読みへとつながる。

　今回の自己の課題は，教科書教材の読みだけでなく，並行読書においても日常の読書においても，主体的な読みとして生かせる視点であった。

❷対話的な学びを生み出す工夫

〇学習形態を工夫し，交流の目的を明確にする

　学習形態を工夫することで，子どもたちは楽しみながら学習を進めることができる。「個の読み→全体交流」といった一斉学習だけではなく，「個の読み→グループ交流→全体交流→個の振り返り」といった変化のある学習形態にすると，子どもたちはそれぞれの学習形態での目的を意識しながら学習に意欲的に取り組むことができる。グループ交流と全体交流においては，単に交流の範囲を広げるのではなく，それぞれ交流の場における目的を明確に示し，子どもたちがその目的を意識しながら対話することが大切である。

　対話的な学習では，自分とは異なる考えをもった人の意見を聞くときには，人によって感じ方が様々であるという楽しさを味わうことができる。また，自分では気付かなかったことに気付くことができる。自分と同じ考えをもった人の意見を聞くときには，自分とは違う根拠を知ることができたり，自分の考えに自信をもつことができたりする。

　このように学習形態を工夫しながら，それぞれの交流の場における目的を明確にして対話的な学習を進めることは，一人学習だけでは到達できない，深い学びへつながる学習となる。

〈今回の学習における各学習形態の目的〉

個の読み	グループ交流
〇自己の課題に対する自分なりの考えをもつ。 「大工さんは，……している場面から，きっと……と思ったのだろうな。」	〇同じ課題の友達と，考えたことを伝え合い，人物の気持ちを確認する。 「大工さんは，こんな発言もしているよ。きっと……だと思う。」 「確かに。そこからも読み取れるね。」
全体交流	個の振り返り
〇グループでまとめた考えを発表したり，他グループ（他の課題のグループもいる）の発表も聞いたりすることで，考えを広げたり深めたりする。 「確かにおみつさんの気持ちは……かな。」	「私は……の場面の大工さんの気持ちを中心に読んだけれど，全体交流では……の場面のおみつさんの気持ちも確認することができた。大工さんとおみつさんの関係性も，作品の魅力の一つかもしれない。」

❸深い学びを生み出す工夫
〇言葉による見方・考え方を働かせ，比較関連付けて考える

　深い学びに迫るためには，「言葉による見方・考え方」を働かせながら，知識を相互に関連付けてより深く理解したり，情報を精査して考えを形成したり，問題を見いだして解決策を考えたり，思いや考えを基に想像したりすることが求められる。

　今回の授業では，対話的学びにおいて「言葉による見方・考え方を働かせながら，比較関連付けて考える」という視点を大切にして授業を行った。

　本時では，「おれのうちへ来てくんないか。」と言ったときの大工さんの気持ちと，「おれのうちへ来てくんないか。」と言われたときのおみつさんの気持ちについて考えた。まず個人で考えをもつ時間をとったが，大工さんの気持ちについて考えるときには，文章を読みながら過去のどんな出来事が，「おれのうちへ来てくんないか。」と言うまでに至っているのか，叙述に着目しつつ文章中の前後を比較関連付けながら読み，考えるようにした。おみつさんの思いも，単に喜んだと思うと想像するだけではなく，これまでに大工さんに言われたことや，話を聞いているうちに感じたことなどを叙述から読み取り，それらを関連させておみつさんの気持ちを考えるようにした。その後，グループや全体で交流を行ったが，ここでも自分の考えと友達の考えを比較関連付けて考えることを大切にした。そうすることで，自分が気付かなかったことに気付くことができたり，自分の考えに自信がつき再確認できたりするなど，考えが深まった学習となった。

大工さんは，わらぐつがじょうぶにつくられているのを見て，「うちへ来てくんないか。」と言ったと思うな。

確かにそうだね。私は，その部分は気付いていなかったな。

ぼくも，大工さんはわらぐつを通して，おみつさんに心がひかれたと思うけれど，大工さんが思う「いい仕事」というのが，わらぐつからも感じられたからじゃないかな。

7　主体的・対話的で深い学びを生み出す振り返りと評価

❶振り返りの工夫

　毎時間，その日の学習から分かったこと，再確認できたことを学習感想に書くようにした。そうすることで，子ども自身がその日の学習では　何を学んだのか振り返ることにもつながった。また単元末にも，単元全体としてどのような学びがあったのかを本人が確認することもできた。

　さらに今回の学習では，毎時間の学習感想を，終末の活動であるブックドアづくり（作品紹介カードづくり）にも生かすことができた。

（例）第5時【学習感想】　　毎時間，学習感想を書きためていく。

　今日は，大工さんがおみつさんに「おれのうちへ来てくんないか。」と言った場面における二人の気持ちを考えました。

　友達の考えを聞いて，大工さんはわらぐつを通しておみつさんに心がひかれたのだなということに気付くことができました。

　この場面は，「作られたものからその人の人柄が見える」という素敵な視点に気付くことのできる場面だなと思いました。これも，この作品の魅力の一つかなと思いました。

単元末のブックドアづくりに生かす。

書きためた学習感想を基に，作品の魅力をまとめる。

❷評価の工夫

　今回の学習の評価では，学習感想と座席表型評価補助簿※を用いた評価を行った。毎時間のめあてに対する個々の学習理解度や考えを把握するため，毎時間後に学習感想を確認したり，授業中に評価補助簿に記録した学習の様子を確認したりしながら評価を行った。毎時間の授業後に確認することで，次の時間の支援にもつなげることもできた。

※座席表型評価補助簿…座席表に学習の様子を記録し，評価補助簿とする。

（石井　暁子）

【6年 読むこと（説明文）／話すこと・聞くこと／書くこと】
13 筆者のものの見方をとらえ，自分の考えをまとめよう
教材名「『鳥獣戯画』を読む」（光村6）

1 単元のねらいと概要

　本単元は，関連する二つの単元を一つにまとめる形で計画したものである。前半の「『鳥獣戯画』を読む」は，評論文を読む学習である。絵と文章を対比しながら読み，筆者のものの見方を捉えた上で，事実と感想，意見などとの関係を押さえながら自分の考えを明確にして読む学習を行う。そして後半の「この絵，私はこう見る」においては，芸術的絵画に自分が向き合い，絵の全体的な印象や分析的な読み取りに，意味付けをして伝えていくという書くことの学習を行う。

　特に単元後半は文章以外の絵から事実を読み取り，解釈，評価する学習である。文章以外の絵や写真やグラフなどの情報を読み取る力は，子どものこれからの日常生活の様々な場面で必要な力であり，育てていきたい力である。

　単元前半での筆者の評論文をモデルとして，後半の実践的な活動を行い，自分の考えを伝える力を育てたい。

育てたい言葉の力
・自分の考えや感想を，読み取った事実と区別して伝える力
・文章以外の絵から読み取ったことや感じたことを伝える力

2 指導目標

・絵と文章との関係を，事実と感想，意見など区別して押さえながら筆者の考え方を捉え，自分の考えを明確にしながら読むことができる。
　　　　　　　　　　　（思考力，判断力，表現力等　C読むこと(1)ア，オ）

- 全体を見通して事柄を整理し，表現の効果を確かめたり工夫したりして書くことができる。　　　　　　（思考力，判断力，表現力等　B書くこと(1)ウ）
- 文章を読んで考えたことを発表し合い，自分の考えを広げたり深めたりすることができる。　　　　　　　　　（学びに向かう力，人間性等）

3　主な評価規準

- 話し手の絵の見方を捉えながら聞き，自分の見方や感じ方と比べるなどして，意見を述べたり考えをまとめたりしている。
　　　　　　　　　　　　　　（思考力，判断力，表現力等　A(1)エ）
- 『鳥獣戯画』での筆者の読み取りを生かして，絵に対する自分の見方や感じ方が伝わるように，表現を工夫して書いている。
　　　　　　　　　　　　　　（思考力，判断力，表現力等　B(1)ウ）
- グループ交流を通して，自分と他者とのものの見方や感じ方の共通点と相違点を明らかにし，自分の考えを深めている。
　　　　　　　　　　　　　　　　　　　　（主体的に取り組む態度）

4　単元の指導計画

次	時	学 習 活 動
1	1	・「『鳥獣戯画』を読む」という題名から，絵を「読む」とはどういうことか考える。 ・教科書137ページの絵を最初に見た自分の感じ方と文章を比べて読むことで，筆者のものの見方や感じ方に関心をもつ。 ・学習課題を確認し，単元全体の学習計画を立てる。
2	2	・教科書139ページの絵についても同様に，自分の感じ方と筆者のものの見方や感じ方を比較し，絵巻物に対する筆者の評価を考える。

	3	・筆者が，自分の見方を効果的に伝えるためにしている工夫について考える。
	4	・筆者の工夫を参考にして，教科書139ページの絵についての自分の読み取りを文章にまとめ，読み合って感想を伝え合う。
3	5	・芸術的絵画を読み取る様子と，そこから考えたことを伝える文章を教師がモデルとして示し，後半の学習の見通しをもつ。
	6	・絵画12点を鑑賞し，それぞれの絵について簡単な感想を書く。 ・その中から文章を書くための好きな絵を選ぶ。
	7	・選んだ絵から読み取ったことや感じたことを付箋に書き出す。 ・違う絵を選んだ子どものグループで，お互いに自分の読み取りを伝え合ったり，質問し合ったりして読み取りを深めさせる。 ・グループ交流を生かして付箋を加えたり整理したりして，自分の読み取りで一番伝えたいことを考える。　　　　　　　　　　（本時）
4	8	・自分が絵の作者だったらどんな題を付けるか考える。 ・最も伝えたいことを中心に書く順番を決める。 ・自分の見方を伝えるための効果的な表現の工夫を考え，文章を書く。
	9	・同じ絵を選んだ子どものグループで文章を読み合い，互いの共通点や相違点，よさに気付き，自分の文章を推敲する。
	10	・書いた文章について全体で交流会を開き，感想を伝え合う。 ・もう一度絵をじっくり見て友達の見方のよさを再認識したり，自分が新しく発見したりしたことを発表する。

5　本時の流れ（第7時）

❶本時の目標

・選んだ絵にじっくりと向き合い，事実と自分の考えを区別して読み取る。
・絵の読み取りを交流し，友達の意見から自分の読み取りを深める。

❷本時の流れ

時	学習活動	指導上の留意点及び学びの工夫・評価
3分	1．前時までの学習を振り返る。 2．本時のめあてを確認する。	・学習計画の中での位置付けを確認することで，本時のめあてを明確にする。 ・第6時の教師のモデルを思い出し，本時の活動の見通しを確認させる。
	絵から読み取ったことを交流し，自分の読み取りを深めよう。	
7分	3．絵から読み取ったことを付箋に書き出す。 　青の付箋……読み取った事実 　緑の付箋……自分の考え	・絵を読み取る視点を確認し，同時にこの視点が，交流で質問する際の視点であることも確認する。 ・読み取ったことを，事実と考えを区別して付箋に書き出している。（ワークシート）
	〈読み取りの視点〉何　だれ　どこ　いつ　大きさ　色　形　音 ポーズ　動き　におい　天気や温度　絵をかいた人の思い　など	
25分	4．違う絵を選んだグループで，自分の読み取りを伝え合ったり，質問し合ったりして，交流する。 　ピンクの付箋……友達の意見	・交流しやすいように場の設定をする。 ・友達と質問し合うことで，自分では気付かなかった箇所や考え方にも目が向き，より深く絵を読み取るきっかけとなるようにする。
7分	5．グループ交流を生かして，付箋を加えたりしながら，一番伝えたいことを決めて学習の振り返りを書く。	・グループ交流では，絵一枚ずつ時間を決め，選んだ子どもの読み取りとそれに対しての意見を言い合う形で進める。
3分	6．今日の振り返りを発表する。	・友達の考えも参考にして，自分の考えが変化したり深まったりした振り返りを紹介する。 ・自分の読み取りを振り返ったり深めたりしている。　　　　　（ワークシート，発表）

6 主体的・対話的で深い学びを生み出す授業改善のポイント

❶主体的な学びを生み出す工夫
○教科書にある二つの独立した単元を，一つにまとめて一単元とした。

```
                    一つの単元
┌──────────┐              ┌──────────┐
│『鳥獣戯画』を読む│ → 学習の流れ →  │この絵，私はこう見る│
│ （学習のモデル）  │              │（モデルを生かして実践）│
└──────────┘              └──────────┘
```

　最後には自分で絵を選んで書くことが見通せるので，子どもがより主体的に学習を進めていくことができると考えた。

○『鳥獣戯画』の絵については，先に子どもが絵の読み取りを行い，後から本文と照らし合わせることで，筆者のものの見方や考え方を体験的に捉えさせる。自分と筆者を比較することで，2枚めの絵ではもっと筆者の見方に迫ろうとする意欲を生み，絵画を読み取る活動を主体的に行うための導入とした。

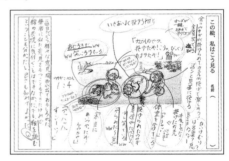
〈『鳥獣戯画』ワークシート（第2時）〉

○題材となる絵画の精選を行った。題材によって子どもの書きたいという意欲が大きく左右すると考えたからである。子どもが自分で選んで，書きたい気持ちを強くもてるよう，12点の絵画を用意した。想像力がかきたてられ，様々な視点がもてそうな絵画を選んだ。

〈絵画を鑑賞し，選んでいる様子〉

❷対話的な学びを生み出す工夫

○本単元中に3種類の話し合いを行った。ねらいは文章を書くに当たって、自分の考え方を深めたり、より伝わる文章へと表現を工夫したりすることと、様々なものの見方や感じ方に触れ、互いの個性を認め合ったり、視野を広げるきっかけにしたりすることの2点である。

○3~4人の小グループで「違う絵を選んだ子ども同士」の交流

文章づくりのアドバイスをねらった交流。友達の意見を取り入れやすいように、文章を書く前のまだ構成を練っている第7時に行う。

C1 「まず注目したのは、このねじ曲がった時計です。これはきっと……。」

（自分の読み取りの説明を、一通り行う。）

C2 「ここの部分。背景までゆがんでいるのは、夢の世界なんじゃないかな。」

C3 「確かに、そうかもね。」

C1 「そうか、そういう見方もできるなあ。その考えを付け加えさせてもらいます。」

（付箋に書いて貼る。）

○3~4人の小グループで、「同じ絵を選んだ子ども同士」の交流

様々なものの見方や感じ方に触れることをねらった交流。文章が出来上がった第9時に行い、自分の文章の推敲に生かす。

○学級全体での交流

単元のまとめとして全体で交流会を開き、友達のものの見方や感じ方に触れ、そのよさを認め合う。（第10時）

❸深い学びを生み出す工夫

○絵画や写真を通しての意見交流

絵画や写真などは見る人によって様々な解釈が成り立つ。それぞれ気に入った絵画が違ったり，同じ絵画であっても感じ方やものの見方が違ったりする点に着目し，互いの個性を認め合い，視野を広げるきっかけになるよう留意して指導した。

○ワークシートの一貫性と付箋の利用

作業に慣れ，自分の考えの分析や整理がしやすいように，単元のはじめから終わりまで，同じ形式のワークシートを使用した。題材となる絵の着目した箇所を線で囲んで，余白に読み取った事実や自分の考えなどを書き込めるようにした。

また，書き込む際の文字や付箋の色に一貫性をもたせた。

> 青……読み取った事実　　黒（付箋は緑）……自分の考え
> 赤（付箋はピンク）……筆者や友達の見方，考え方

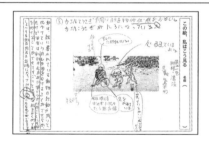

〈『鳥獣戯画』ワークシート（第1時）〉　　〈『鳥獣戯画』ワークシート（第4時）〉

〈絵画を使った
交流用ワークシート〉

○思考過程のモデル化

　絵画から自分の考えを読み取る過程を示すために，教師が頭の中で考えていることを独り言のようにつぶやき，メモを書き込む様子を見せながら，思考過程のモデルを示した。（第4時，第5時）

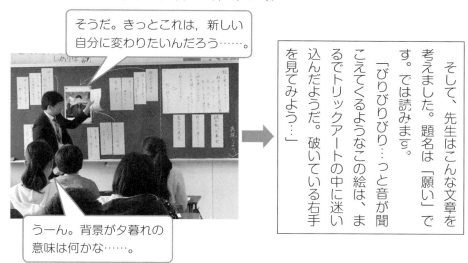

そうだ。きっとこれは，新しい自分に変わりたいんだろう……。

うーん。背景が夕暮れの意味は何かな……。

そして、先生はこんな文章を考えました。題名は「願い」です。では読みます。
「びりびりびり…っと音が聞こえてくるようなこの絵は、まるでトリックアートの中に迷い込んだようだ。破いている右手を見てみよう…」

7　主体的・対話的で深い学びを生み出す評価

○考えの変容に気付かせる工夫

　小グループ交流の後に，付箋を使って自分や友達の考えを整理し再考する時間を設けることで，交流前の自分の読み取りからの変容に気付くとともに，伝えたいことを焦点化できるようにした。

○自分の読み取りを分かりやすくまとめさせる工夫

　第4時において，筆者の文体を真似ながら自分の読み取りを文章にした。そのことで，表現や構成の工夫とその効果を体験的に理解し，自分の読み取りを分かりやすくまとめて伝えるための視点をもてるようにした。

（庄司　和明）

【6年 読むこと（文学）】
14 題名から作者の伝えたいことを考えよう
教材名「海の命」（光村6）

1 単元のねらいと概要

　この単元の教材文「海の命」の中には，2種類の「海」が出てくると捉えた。場所としての「海」（「いかりを下ろし，海に飛び込んだ」）と命の根源としての「海」（「海に帰りましたか」）である。題名にある「海」は，後者の意味につながっている。そこで，本単元では，題名を知らない状態で文章を読み，自分なりの題名を考えるということから学習を始めた。そして，題名である「海の命」という言葉を柱に，題名を意識しながら，自分の力で作者の思いを考えるという学習に取り組んだ。

育てたい言葉の力
・話し合い活動を通して，思考に関わる語句の量を増やそうとする力
・文章の構成や展開，文章の特徴について考えようとする力

2 指導目標

・登場人物，象徴的な事物の相互関係や心情などについて，描写を基に捉えることができる。　　　　　　（思考力，判断力，表現力等　C読むこと(1)イ）
・人物像や物語の全体像を具体的に想像したり，表現の効果を考えたりしながら読むことができる。　　（思考力，判断力，表現力等　C読むこと(1)エ）
・言葉を通じて，自分の考え方を深めようとするとともに，伝え合うことで，集団の考えを発展させようとする。　　　　　　（学びに向かう力，人間性等）

3　主な評価規準

・太一とおとう，与吉じいさ，瀬の主の相互関係や太一の心情の変化について，描写を基に自分なりにまとめている。
　　　　　　　　　　　　　　（思考力，判断力，表現力等　C読むこと(1)イ）
・題名や描写，キーワードといった表現の効果を基に，「海の命」の主題を考えながら読んでいる。　　　（思考力，判断力，表現力等　C読むこと(1)エ）

4　単元の指導計画

次	時	学　習　活　動
1	1	〔題名への興味・関心を高める〕 ・自分ならばどのような題名を付けるかを考える。
2	2	〔構造と内容の把握〕 ・太一を中心とした人物相関図をかき，登場人物の関係を捉え，文章の大体の内容を把握する。
	3〜6	〔精査・解釈〕 ○「海の命」という題名や「海」というキーワードに着目して，太一の気持ちの変化を読んでいく。 ・太一の父に対する気持ち。 ・与吉じいさと太一の関係。 ・クライマックスはどこか。 ・なぜ，太一は「瀬の主」を打つのをやめたのか。 ・「巨大なクエを岩の穴で見かけたのにもりを打たなかったことは，もちろん太一は生涯だれにも話さなかった」理由。
3	7	〔考えの形成〕 ○作者が題名に込めた思いから主題を考える。　　　　　　（本時） ・前時までの読みを基に，なぜ，作者は「海の命」という題名を付けたのかを，グループでの話し合いを通して考える。
	8・9	○「海の命」の自分のお気に入りの場面について，紹介カードを書く。 ・主題と関連付けながら，お気に入りの場面のよさ，なぜそこがよいのかを紹介カードにまとめる。
	10	○互いの紹介カードを読み合い，よさを見付けて伝え合う。

5　本時の流れ（第7時）

❶本時の目標
・題名や描写，キーワードといった表現の効果を基に，作者が題名に込めた思いや「海の命」の主題を考えることができる。

❷本時の流れ

時	学習活動	指導上の留意点及び学びの工夫・評価
5分	1．前時までの復習を行う。 ・この物語文のクライマックスはどこか。 ・なぜ，瀬の主を見かけたのにもりを打たなかったことを，太一は話さなかったのか。 ★物語文の流れを大切にするために，前時の復習を大切にする。 2．本時のめあてを確認する。 作者は，なぜ，「海の命」という題名を付けたのだろう。	
10分	3．学習課題について，自分なりの考えをまとめる。 ・瀬の主―「海の命」 ・すべての生き物の「命」―「海」 ・瀬の主―亡くなった父 ・父や与吉じいさが漁師として目指していること	・学習課題に対して自分の考えをしっかりともてるように，一人で読む時間を確保する。なかなか考えを言葉にできない子どももいるため，事前に一人で読む時間を教師が決めておく（本時の場合は，10分間）。これにより，全員が対話的な学習に参加することができるようになる。

15分	・太一の漁師としての生き方 4．2～3人組で、考えを交流する。 ★必要に応じて、加筆修正をする。	・グループでの話し合いの後に、加筆修正の時間を確保する。これにより、友達との話し合いを通して、考えを広げたり、深めたりしたことを振り返ることができるようにする。
10分	5．学級全体で、考えを交流する。 ★本時でのキーワード ・瀬の主 ・与吉じいさ、父 ・生き物の命 　（人間もふくめて） ・漁師としての生き方	・深い学びを実現するために、子どもたちの考えを構造的に板書する。これにより、クラス全体の意見が視覚的に見やすく分かりやすくなる。
	「海の命」という題名に伝えたいメッセージが込められている。	
5分	6．題名に込められた思いが伝わるように、お気に入りの場面を音読する。 7．本時の授業を通して、分かったこと、感じたことなどの感想をまとめる。	・話し合い活動を通して、自分の考えの変わったところ、友達の考えのよいところを明らかにさせる。振り返りカードを通して、自分の思考の深まりを自覚できるようにする。
	【感想を書く際の観点】 ○自分の考えや意見が変わったこと ○友達の意見を聞いて学んだこと　　○疑問に思ったこと	

6 主体的・対話的で深い学びを生み出す授業改善のポイント

❶主体的な学びを生み出す工夫
〇学習課題の工夫

　単元を通して考えていく課題を設定した。題名である「海の命」という言葉は，本文に２回しか出てこないが，物語の展開の上で重要なキーワードであり，主題につながる言葉だと考え，この題名を読みの柱として学習を進めた。単元を通して，題名を柱とした読みをすることで，子どもたちは常に，「題名とどのような関係があるのだろう？」と考え，自分なりの答えを探しながら，読み進めることができた。毎時間の学習課題だけではなく，単元を通して考えていく，大きな学習課題を設定することが，主体的な読みにつながる。

| 【導入】
【構造と内容の把握】 | 【精査・吟味】 | 【考えの形成】 | 【共有】 |

題名である「海の命という言葉」＝一貫した読みの視点

〇自分の力で読んでいく力の育成

　読み方の指導としては，キーワードに着目して読むこと，伏線を明らかにしながら読み進めることを重点的に指導した。このように，読む力を明確にして指導をすることで，子どもたちは着実に読む力を獲得し，主体的に教材文に関わることができるようになる。

「海の命」という言葉は，たった二つしかないけれど，関係のある言葉はまだありそうだよ。

海の中で，太一の気持ちを変えた瀬の主は大切な存在だからその瀬の主を表す「海の命」という言葉が題名に付けられたのかな。

❷対話的な学びを生み出す工夫

○自分の考えをもつ

　対話的な学びを進めるためには，それぞれの子どもが，自分の意見をもっていることが必要である。はっきりとした言葉にはできていなくても，それぞれの子どもに考えの基となるイメージはもたせておきたい。そこで，対話的な学びを実現するために，一人で教材文に向き合う時間を確保した。じっくりと教材文を読むことで，自分の考えが頭の中に浮かんでくる。そのような時間を大切にした。

　また，ノートには，自分の考えのポイントとなる部分だけを書かせ，詳しい内容は，友達とのやりとりの中で説明するようにした。こうすることで，考えを伝えるだけではなく，やりとりが生まれるようになる。

〈３人組による話し合いの様子〉

話し合いの例

A　太一は，おとうの仇を討つために，ずっと瀬の主を探していたから，その瀬の主にもりを打ってしまうと…（言葉に詰まる）。

B　なるほどね。言いたいことは，分かるよ。目標がなくなっちゃうんだよね。

C　漁師を続けていく目標がなくなっちゃうってこと？

B　太一は，これからも漁師を続けるために，瀬の主を殺さなかったのかな。

A　そうそう。そういうことが，言いたかったんだ。

❸深い学びを生み出す工夫

○板書の工夫

　グループでの話し合い活動の後，クラス全体の共有の時間をもつ。ここでは，グループでの話し合いで深まったり，広がったりした考えを，関連付けて，まとめていくことが大切である。まとめることを通して，考えを整理し，深めていくことができると考える。そこで，クラス全体で話し合う場面では，板書を構造的にまとめることで，子どもたちの様々な意見を関連付け，まとめていくことができるようにした。

> ★構造的な板書→キーワードや重要な言葉をまとめる。
> 　　　　　　　→考えのつながりが見えるように記号などで関連付けていく。

子どもたちの考えの把握	板書で考えをつなげる	考えの深まり
教師がそれぞれの考えのつながりを見付ける。	キーワードを矢印等の記号でつなげていく。	考えの広がり

〈本時の板書の様子〉

> **構造的な板書をするためのポイント**
> ①事前に子どもたちの反応を予想→板書計画を立てる。
> ②子どもたちの反応を見て，板書計画を修正する。
> ③キーワードをまとめていく。

7　主体的・対話的で深い学びを生み出す振り返りと評価

❶振り返りの工夫

振り返りで，学習感想を書く際，何の指示もしないと，「よく分かった」「楽しかった」「面白かった」といった感想を書く子どもがいる。そこで，振り返りカードを書く際の観点を明確に示した。感想を書くポイントを絞ることで，子どもたちは自分たちの学習中の思考の流れを振り返り，自覚できるとともに，教師もそれを見取ることができる。

> 振り返りカードを書く際の観点
> ○自分の考えや意見が変わったこと
> ○友達の意見を聞いて学んだこと
> ○疑問に思ったこと

〈振り返りカードの例〉

みんなと話し合ってみて，友達と選んでいる言葉が一緒だったので，同じことを考えていたのが分かった。

話し合いをして，他の人の意見もよかったけれど，自分の意見のほうがそれよりもよいと思ったので，変えなかった。

❷評価の工夫

身に付けさせたい読む力を明確にすることで，各時間で見るべきポイントがはっきりとする。指導した内容を生かして，自分で読み進めることができたかを，発言とノートを基に見ていくことで，一人一人の子どもの読みの力を的確に判断することができる。

（関口　友子）

【6年 書くこと】
15 大好きな自分の学校を紹介しよう
教材名「町のよさを伝えるパンフレットを作ろう」(光村6)

1 単元のねらいと概要

　本単元では，写真や図等の資料を効果的に使って，自分の思いを文章で伝えることをねらいとし，自分の学校のよさを改めて見つめ，学校への思いをパンフレットにまとめる活動を設定した。この活動を通して，伝えたいことと資料とのつながりや，その資料が効果を生んでいるかについて意識させることができる。また，グループで一つのパンフレットをつくり上げることにより，取材や選材，記述や推敲などの場面で協働的な活動が展開できる。

育てたい言葉の力
・情報を集め整理し，自分の思いを効果的に伝える力

2 指導目標

・資料を効果的に使って，思いが伝わる文章を書くことができる。
　　　　　　　　　　　　　(思考力，判断力，表現力等　B書くこと(1)ア，ウ)
・新1年生の保護者に自分の学校のよさを伝えるという意識をもって書こうとしている。　　　　　　　　　　　(学びに向かう力，人間性等)

3 主な評価規準

・写真や図等，取材して集めた資料を効果的に使い，根拠を明確にして紹介する文章を書いている。　(思考力，判断力，表現力等　B書くこと(1)ウ)
・相手意識・目的意識を意識して資料を集め，自分の思いを明確にして書こ

うとしている。　　　　　　　　　　　　　　　　（主体的に取り組む態度）

4　単元の指導計画

次	時	学　習　活　動
1	1	○学校のよさについて話し合う。 ○様々な学校パンフレットを見てパンフレットの特徴に気付く。 ○誰にパンフレットを紹介するのかを話し合う。 ○単元の目標を理解し，学習計画を立てる。
2	2	○取り上げる事柄を決める。 ・グループで，なぜその事柄にしたのかの理由を伝え合う。 ○自分の思いを書く。
	3	○その事柄を取り上げる理由の裏付けとなる資料を取材する。
	4	○パンフレットのリード文を書く。 ・グループで読み合い，取り上げる事柄を的確に説明し，さらに，自分の思いにつながる文章になっているかを確かめる。 ・パンフレットのリード文を推敲して清書する。
	5・6	○資料を活用した紹介する文章を書く。　　　　　　　　　　（本時） ・グループで助言し合いながら，自分の思いの根拠となる効果的な資料を選んだり組み合わせたりして紙面の構成を決める。 ・構成を基にして，資料を活用した紹介する文章を推敲して清書する。
		○自分の思いを改めて書く。 ・グループでリード文，資料を活用して紹介する文章，自分の思いのつながりを意識してアドバイスし合う。 ・自分の思いがより伝わる言葉の使い方か確かめる。 ・自分の思いを推敲して清書する。 ○グループで相談して表紙のキャッチコピーを考え，パンフレットを仕上げる。
3	7	○パンフレット展覧会を開き，資料の効果や表現の仕方に着目して，他のグループのパンフレットのよいところを付箋に書いて伝え合う。 ○新1年生保護者会に出席して，パンフレットを紹介しながら，自分の学校のよさを伝える。

5　本時の流れ（第5時）

❶本時の目標
・効果的な資料を組み合わせて，紹介する文章を書くことができる。

❷本時の流れ

時	学習活動	指導上の留意点及び学びの工夫・評価
5分	1．本時の課題を確認する。	・前時までの学習の流れを振り返らせる。
	効果的な資料を組み合わせて，紹介する文章を書こう。	
		・自分の思いの根拠になる部分を書くことを確認する。
10分	2．グループで助言し合いながら，取材カードを並び替えたり，効果的な資料を選んだりして，紙面の構成を決める。	〈学びの工夫〉 同じグループの友達と交流させ，自分の思いがより伝わる効果的な資料を選ばせる。 〈学びの工夫〉 グループで読み合い，資料を活用して紹介する文章が自分の思いの根拠になっているかを確かめさせる。 ・交流の観点を示して交流させる。 ・自分の思いが伝わる効果的な資料を選んでいる。
10分	3．友達の助言で参考になったことを発表する。	・友達の助言によって，修正をした児童に発表させるようにする。

		・修正する前と後での効果の違いについて意識させる。
15分	4．構成を基にして，写真や図，インタビュー，自分の経験などを効果的に組み合わせて紹介する文を書く。	〈学びの工夫〉 自分の思いの根拠となる資料を効果的に組み合わせて，学校のよさが伝わるように紹介させる。
		・箇条書きでメモした取材カードは，文章にさせる。適宜，友達に読んでもらいアドバイスをもらって，推敲してから清書させる。 ・早く終わった児童は，交流スペースを設け，読み合えるようにする。 ・自分の思いが伝わる効果的な資料を組み合わせて，紹介する文章を書いている。
5分	5．今日の学習の振り返りをする。	・交流を通して気付いたことや付いた力を中心に，振り返りを書かせる。

〈友達の助言が参考になった例〉

◎みんなが安全に気持ちよく過ごすために働いてくれている主事さん

一日の仕事の様子を文章でまとめようと思っているのだけれど。

帯グラフで表したほうが，分かりやすいし見やすいよ！

◎自分たちの安全を守ってくれている，親近感のある警備さん

この写真だと，みんなの「警備さんが大好きって」いう思いがうまく伝わらないな。

毎朝の登校風景の，警備さんとハイタッチしている写真に変えたらいいよ！

6　主体的・対話的で深い学びを生み出す授業改善のポイント

❶主体的な学びを生み出す工夫
○課題意識を明確にして，見通しがもてる活動を設定する

　児童は，卒業を目前に，自分の成長やこれまで過ごしてきた日々に思いを馳せる。学校は，その成長の大事な場所である。本単元では，その学校の魅力を題材にし，自分の思いを伝えたいという課題意識を明確にもって学習活動に取り組む。また，モデルを提示することで，パンフレットの構成（リード文，紹介する文章，自分の思い）が分かり，見通しをもって活動できるようにした。

ゆっくりくつろげる図書室

高井戸小学校の図書室は，約○○○○冊の蔵書があります。テーブルとイスが並ぶスペース，カーペットでのんびり絵本を読めるスペース，そして，円形の大きな柱に沿って座れるベンチもあり，高井戸小の子どもたちは，この図書室での図書の時間が大好きです。

「図書の時間は好きですか？」高井戸小100人に聞きました！！

図書の時間が好きな理由
・本が好きだから
・のびのび自分のペースで過ごせるから
・カーペットの上でゆっくり本が読めるから
・読み聞かせが楽しみだから

上の円グラフは，高井戸小学校の子ども100人にアンケートをとった結果です。85人が「とても好き」「好き」と答えています。この結果から，高井戸小の子どもたちは，本を読むことが好きな子が多いことが分かります。図書の時間を好きな理由をみても，やはり，ゆっくりくつろげることができる図書室は，みんなの大好きな場所になっています。

図書室の主！？　みんな大好き田中先生

わたしがこの図書室が大好きな理由は，何と言っても，この図書室にいる田中先生の存在です。ビブリオバトルの時，探している本がなかった時，ほかの図書館に問い合わせて本を取り寄せてくださったことがありました。調べ学習でよい本が見つからなかったときにも，一緒に探してくれました。いつも，私たちを見守り，学習がしやすい環境を作ってくださっている田中先生が大好きです。

高井戸小は，本が好きな子がとても多いです。図書の時間に真剣な目で本を読んでいる子供たちの姿が大好きです。私自身も本が大好きなので，もっと読書の楽しさを伝えたり，おすすめの本の紹介をしたりしていきたいです。

高井戸小での6年間，私はこの図書室で何冊もの本を読みました。図書室には温かい木のぬくもりと，田中先生の優しさがあふれています。高井戸小の子は，この図書室が大好きです。そして，読書も大好きです。本が好きな子供がこれからも増えることを願っています。

○選択肢を広げ，自分なりの工夫や表現力を生かす

　まず，自分が過ごしてきた学校のよさを改めて見つめ，取り上げる事柄を決める。芝生の校庭・オープンスペースなどの施設面，先生・給食の方・主

事さんなどの人との関わり，学校行事などである。次に，取材活動では，グループごとにデジタルカメラで自由に取材活動をさせる。自分で取材した写真や図を取り入れながらより効果的に表現することは，自分のアイディアや工夫を生かすことになる。紙面の構成やレイアウトは読み手を意識して主体的に工夫する。

❷対話的な学びを生み出す工夫
○対話が生まれる必然性をつくる
　パンフレットは，3～4人のグループで一つのパンフレットをつくることにする。グループでつくることによって，「課題設定」「構成」「記述」「推敲」など，様々な場面で対話的な学びとなる交流が生まれる。
○必要感のある対話を設定する
　第2時の「課題設定」の場面では，取り上げる事柄をグループで相談して決める。友達と相談することによって，学校のよさを見つめる視点や選択肢が広がり，より自分の思いが強い事柄を選ぶことができる。また，自分がなぜその事柄を選んだのかを友達に伝えることで，より理由が明確になる。

　第4・5・6時の「構成」「記述」「推敲」の活動は常にグループで行い，アドバイスし合える環境をつくる。児童は，写真やグラフ，アンケートなど，集めた様々な資料を机上に広げながら，友達と相談して取材カードの順番を変えたり，集めた資料を選んだりする。自分の思いの根拠になるかを確かめたり友達のアドバイスを聞いたりしながらより効果的な資料を選ぶ。この活動を通して，児童は，友達のアドバイスを参考にして，思考しながら資料を比較・分類，取捨選択し，その資料が必要かどうかを判断することになる。対話によって，さらに思考が深まる活動が展開されるのである。
○対話の観点を明確にする
　対話を設定するときには，観点を明確にすることも大切である。「記述」の場面では「①自分の思いの根拠になっているか。②自分の思いがより伝わる効果的な資料を選んでいるか。」の観点を示した。「推敲」の場面では，「リード文，紹介する文章，自分の思いにつながりがあるか。」という観点を

示した。観点を明確に示すことで話し合いが焦点化され、より深まりのある対話が実現する。

❸深い学びを生み出す工夫

〇導入の工夫で書きたい気持ちを膨らませる（1次）

この単元の最初の授業場面である。「1174」はこれまで児童が小学校に通った日数で、「54」は残りの日数である。今、この学校のよさを誰よりも分かって
いるのは、一番多くの日々を過ごしている自分たちだということを実感させ、「自分たちだから書ける、自分たちにしか書けない」という気持ちをもたせる。この気持ちは、単元を通しての書く原動力となる。

〇「取材」「構成」「記述」「推敲」の過程を柔軟に行う（2次）

書くことの学習活動は、「取材」→「構成」→「記述」→「推敲」が基本である。しかし、本単元では、交流する中で、自分の思いと根拠（資料）の整合性のずれや根拠の弱さに気付き、記述してから資料を選び直したり取材し直したりする必要性を感じることもある。児童は、「取材」「構成」「記述」「推敲」を柔軟に行き来して、よりよい内容にしていく。

〇実の場を設定することで、達成感・充実感をもたせる（3次）

新1年生保護者会に出席し、出来上がったパンフレットを紹介する。保護者会後も掲示し、ゆっくり保護者の方に手に取って見ていただく姿を目にすることで、児童は書いてよかった、自分の学校への思いを伝えることができてよかったと実感する。また、しばらく昇降口に掲示することで、取材させていただいた方にも読んでもらい、喜んでいただくことが、さらに書いてよかったという充実感につながる。

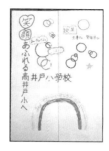

〈表紙もグループによって工夫〉

〈4人でつくり上げたパンフレット〉

7　主体的・対話的で深い学びを生み出す振り返りと評価

❶振り返りの工夫
　学習計画表をつくり，学習の進度の確認と今後の見通しをもたせ，主体的に取り組めるようにする。計画表には，毎時間の振り返りを書く欄を設け，友達からのアドバイスや，自分の考えの修正を中心に書かせ，対話によってよりよいものになっていることを実感させる。

❷評価の工夫
　座席表評価簿を利用し，実態と支援を明らかにする。児童の対話の中でのよいアドバイスや関わりを見逃さず，全体に紹介しながら価値付ける。

（中村　恵）

おわりに

国語教育に寄せる思いを形に

　国語の授業は，本来，楽しいものである。しかし，各種の「好きな教科」を問うアンケートの結果を見ると，国語は常に下位に位置している。

　編著者３名は，平成の初期，東京都の同じ区立小学校に勤務していた。平成７年度には説明的文章の読みの指導について区の指定を受け，研究発表会を開催した。当時から，私たちの思いは一つ。

　「国語の授業は楽しいものだ。そして，言葉の力が付くものだ。それを何とかして広めたい。」

　研究発表会は，その思いの具体化だった。

　あれから20年余，３名の思いがまた一つになって，本書の刊行に至った。その間，国語教育は様々な変遷をたどり，今また，小学校は新学習指導要領全面実施のときが間近に迫っている。

　振り返ってみると，編著者３名が国語教育の実践に夢中になっていた頃から，主体的な読み手を育てることや，そのために，単元としてまとまりのある学習活動を設定すること，そして，言葉の力を確かに豊かに身に付けさせることが研究・実践の中心であった。その後，学習指導要領の改訂の都度，私たちが目指していた国語教育の方向性と軌を一にした内容が，よりしっかりと位置付けられるようになってきたとの思いがある。

　今まさに「主体的・対話的で深い学び」を実現するときが来た。これまでの研究・実践をさらに研ぎ澄まし，目指す国語教育の姿に迫っていくことが，全ての教師に求められている。

今までよりも一歩前へ

　校内研究会や都下の区市教育研究会の講師として研究授業を観る機会が多

くある。授業を参観すると，本当に熱心に学習指導案を作成し，授業を行っていることが伝わってくる。しかし，その熱意が，「主体的・対話的で深い学び」を生み出す授業につながっているかというと，必ずしもそうとは言えない現状があるのではないだろうか。学習指導案が，学習の順序を示した「学習手順案」になっていて，「学習」の「指導」の内容を具体的に示した「案」になっていないものがあるように感じる。むしろ，以前，「国語の授業が命」とばかりに授業に打ち込んでいた頃の教師の指導のほうが，子どもは授業を楽しみ，言葉の力も付いていたように思える。

　本書を執筆しているのは，全都的に活躍している国語教師，学校内外で中心となって国語教育を推進している教師たちである。本書は，国語の授業をよいものにしたいのでその方法を学びたいと考えている，経験年数の少ない教師に向けて作成した。だが，本書に載っている実践は，国語を専門として研究していきたいと考える教師にとっても参考となる内容になっていると自負している。

　昨日まで行っていた授業を，突然「主体的・対話的で深い学び」に変えられるものではないだろう。本書は，「今までよりも一歩主体的に，一歩対話的に，そして，一歩深い学びに」，そうしたことを目指して内容を吟味した。お読みになった方々が，「国語の授業って面白い」「こうすれば言葉の力が付けられるんだ」と感じ，自らの「主体的・対話的で深い学び」を生み出す授業実践に生かしていただくことが，執筆者一同の切なる願いである。

　結びに，本書を上辞するに当たって玉稿を寄せていただいた執筆者の皆様に心よりお礼申し上げる。

2018年5月

編著者　忰田康之

【編著者紹介】

遠藤　真司（えんどう　しんじ）
早稲田大学教職大学院客員教授，開智国際大学准教授。東京都小学校国語教育研究会顧問。

忰田　康之（かせだ　やすゆき）
明星大学教育学部特任教授。全国小学校国語教育研究会顧問，東京都小学校国語教育研究会参与。

鶴巻　景子（つるまき　けいこ）
東京学芸大学教職大学院特命教授。東京都小学校国語教育研究会顧問。

【執筆者紹介】

池田良子（練馬区立谷原小学校）	材木優佳（杉並区立八成小学校）
大中潤子（立川市立第一小学校）	宮西　真（立川市立第二小学校）
鈴木綾花（渋谷区立笹塚小学校）	明吉紗代（調布市立滝坂小学校）
八重樫祐子（練馬区立光が丘夏の雲小学校）	佐々木千穂（千代田区立お茶の水小学校）
松井優子（青梅市立第二小学校）	大熊啓史（板橋区立板橋第五小学校）
伊丹　彩（昭島市立中神小学校）	阿久津陽（大田区立小池小学校）
柴田紀子（杉並区立桃井第三小学校副校長）	関川　卓（豊島区立仰高小学校）
藤村由紀子（江東区立東陽小学校）	藤原寿幸（東京福祉大学専任講師）
田村香代子（杉並区立高井戸小学校）	神永雅人（東久留米市立第二小学校）
石井暁子（港区立白金小学校）	庄司和明（練馬区立光が丘夏の雲小学校）
関口友子（墨田区立第三寺島小学校）	中村　恵（杉並区立桃井第三小学校）

主体的・対話的で深い学びを実現する！
小学校国語科授業づくりガイドブック

2018年6月初版第1刷刊　©編著者　遠藤真司・忰田康之・鶴巻景子
発行者　藤　原　光　政
発行所　明治図書出版株式会社
　　　　http://www.meijitosho.co.jp
　　　　（企画）木山麻衣子（校正）㈱東図企画
〒114-0023　東京都北区滝野川7-46-1
振替00160-5-151318　電話03(5907)6702
　　　　　　　　　　ご注文窓口　電話03(5907)6668
＊検印省略　　　　　組版所　藤原印刷株式会社

本書の無断コピーは，著作権・出版権にふれます。ご注意ください。

Printed in Japan　　　ISBN978-4-18-131817-8

もれなくクーポンがもらえる！読者アンケートはこちらから　→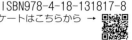